澳门城市大学学术论丛
澳门基金会资助项目

非法证据非证据？

论非法证据在民事诉讼中的可采性

陈　怡◎著

法律出版社 LAW PRESS · CHINA
北京

图书在版编目(CIP)数据

非法证据非证据?:论非法证据在民事诉讼中的可采性/陈怡著. -- 北京:法律出版社,2023
(澳门城市大学学术论丛)
ISBN 978-7-5197-8673-1

Ⅰ. ①非… Ⅱ. ①陈… Ⅲ. ①民事诉讼-证据-研究
Ⅳ. ①D915.213.04

中国国家版本馆CIP数据核字(2023)第244109号

非法证据非证据?
——论非法证据在民事诉讼中的可采性
FEIFA ZHENGJU FEI ZHENGJU?
—LUN FEIFA ZHENGJU ZAI MINSHI SUSONG ZHONG DE KECAIXING

陈 怡 著

责任编辑 孙东育 曲 杰
装帧设计 贾丹丹

出版发行 法律出版社
编辑统筹 学术·对外出版分社
责任校对 李慧艳
责任印制 胡晓雅
经　　销 新华书店

开本 710毫米×1000毫米 1/16
印张 11.75 **字数** 172千
版本 2023年12月第1版
印次 2023年12月第1次印刷
印刷 北京建宏印刷有限公司

地址:北京市丰台区莲花池西里7号(100073)
网址:www.lawpress.com.cn
投稿邮箱:info@lawpress.com.cn
举报盗版邮箱:jbwq@lawpress.com.cn
销售电话:010-83938349
客服电话:010-83938350
咨询电话:010-63939796

书号:ISBN 978-7-5197-8673-1
定价:89.00元

凡购买本社图书,如有印装错误,我社负责退换。电话:010-83938349

目　录

绪　论

一、研究缘由

在现代证据裁判主义中，证据被喻为诉讼的“无冕之王”。在诉讼活动中，从程序的启动到最后裁判，关于证据的举证、质证、认证活动始终贯穿其中。非法证据排除在刑事诉讼法领域已是一个老生常谈的问题。基于预防执法机关滥用执法权、维护司法尊严以及保护被告人合法权益免受公权力不法侵害的考虑，非法证据应予以排除被许多国家奉为刑事诉讼活动的金科玉律；但是，在民事诉讼领域，非法证据是否应予以排除却并非一个不证自明的问题。

在实证法方面，不同法系、不同国家乃至不同地区立法对这一问题的立场存在很大的差别。有些国家和地区在民事立法中设置了若干规则，一定程度上禁止非法取得的证据在民事诉讼中予以使用。如我国最高人民法院《关于适用〈中华人民共和国民事诉讼法〉的解释》第 106 条规定：“对以严重侵害他人合法权益、违反法律禁止性规定或者严重违背公序良俗的方法形成或者获取的证据，不得作为认定案件事实的根据。”又如，我国澳门特别行政区《民事诉讼法典》第 435 条确立了证据合规范原则，该条规定：“不得于审判中采用透过侵犯人之身体或精神之完整性，又或透过侵入私人生活、住所、函件及其他通信方法而获得之证据。”但与此同时，也有很多国家、地区的法律在这一问题上留白，未对非法证据能否在民事诉讼中使用作出具体明确的规定。

在普通法系国家的传统中，证据的可采性与取证手段之间是没有关系的。换言之，取证方式、取证手段合法与否不影响证据的可采性。只要证据具有相关性，原则上就不应予以排除使用，即使该证据是通过非法方式获得的。[①] 除了立法实践上的差异，理论上对于这一问题的理解也存在很大的分歧与争议。

证据是现代诉讼制度的核心与基石，证据的可采性问题则是一个重中之重的问题。但是一直以来，无论是司法实践抑或理论研究，对非法证据问题的研究大多集中于刑事诉讼领域。相比之下，对民事诉讼领域非法证据问题的关注与研究则显得较为有限与薄弱。民事诉讼非法证据的可采性问题是一个关乎民事诉讼程序所追求的价值以及程序正义的问题。就当今世界各国和地区的实践来看，立法上对非法证据在民事诉讼中是否具有可采性作出明确规定的国家并不多，即使有规定，许多规定基本上原则性较强，缺乏具体的操作标准，因此，对于这个问题的决定权最终又回归到裁判者手中，交由裁判者自由裁量。然而，实践中，裁判者基于对法律的不同理解以及不同因素的考量，裁判的结果往往又存在很大的差异，从而导致理论、实践上对该问题又存在很多纷争。

我国证据法学理论的主流观点认为，合法性是法律证据的一个重要属性，因此，如果一个证据不具备合法性或者说一个证据是非法的，那么该证据就不属于法律范畴的证据。换言之，该证据在诉讼中不具有任何证明价值，非法取得的证据属于非法证据。如果说，前述的证据合法性理论是有效的话，那么根据该理论可以得出一个结论：非法取得的证据在诉讼中不具有可采性，不能作为证据使用。但正如前述所说，一直以来，无论是在学理上抑或在司法实务中，非法取得的证据在民事诉讼中是否应当予以排除是一个备受争议的问题。有鉴于此，难免让人对证据合法性理论的有效性产生怀疑。因此，本书将从证据的合法性理论出发，结合证据法学传统理论以及近现代法律制度，对民事诉讼

① See Robert E. , Shepherd J R. , *Admissibility of Illegally Obtained Evidence in a Civil Case*, Wash. & Lee L. Rev. , Vol. 17:1, p. 155 – 160(1960).

中非法证据的可采性问题进行详细的讨论，并以此为视角对当前盛行的证据合法性理论进行检验。

二、研究对象及问题

从严格意义来讲，"非法证据"在我国甚至许多国家、地区都不是一个实证法上的术语，而是学理上的一个抽象概念。因此，理论上，不同法律文献、不同论者在使用"非法证据"这一术语时，其指向也可能有所不同。从目前的研究来看，我国证据法学理论的主流意见一般认为，非法证据的概念有广义和狭义之分。广义上的非法证据主要包括：(1)主体不合法的证据，即由不具备法定资格或者不具备法定权限的主体获取或提供的证据。(2)形式不合法的证据，即不具备或不符合法定形式的证据。(3)取证程序或手段不合法的证据，即通过违法程序、非法手段取得的证据。狭义上的非法证据则是指前述第三种证据。从国外的有关研究来看，理论上倾向于将非法证据理解为非法获得的证据，即前述狭义上的非法证据。如意大利学者安德里亚·格拉齐奥西(Andrea Graziosi)、卢卡·帕萨南特(Luca Passanante)都曾指出，非法证据仅限于那些由当事人非法占有、获取的证据或者是在诉讼程序之外非法形成的证据。①

非法证据是否具有可采性与非法证据是否应予以排除是个一体两面的问题。探讨非法证据在民事诉讼中是否具有可采性，实质上也是讨论在民事诉讼中，非法证据是否应当予以排除的问题。鉴于理论研究以及司法实务上大多是在取证手段不合法的层面去理解、适用"非法证据排除"规则，本书论题中的"非法证据"也仅限于狭义的非法证据——非法获得的证据，即取证程序或取证手段、方法不合法的证据，主体不合法以及形式上不合法的非法证据不在本研究的讨论之内。

除此以外，考虑到在一些国家和地区的民事诉讼中，基于职权干预主义影

---

① See Andrea Graziosi, *Usi E Abusi Di Prove Illecite E Prove Atipiche Nel Processo Civile*, Rivista Trimestrale Di Diritto E Procedura Civile, Vol. 65:3, p. 693 – 726(2011); Luca Passanante, *La Prova Illecita Nel Processo Civile*, Giappichelli, Torino, 2017, p. 155.

响,法院为查明真相享有一定的调查取证权,如在我国,依照《民事诉讼法》的有关规定,法院可以依职权调查收集证据,在一些特殊情形下法院还可以应当事人的申请进行调查取证。由于不排除法院在调查取证过程中也会存在违反法律规定的非法取证行为。因此,理论上,狭义的非法证据既包括作为诉讼当事人及其代理人(或案外委托人)非法获取的证据,也包括法院行使调查取证权过程中非法获取的证据,但考虑到法院的特殊性,对法院调查取证行为的评价思维、标准应当有别于当事人收集证据的行为。因此,为了论述的集中性和统一性,本研究的讨论范围仅限于民事诉讼中当事人及其代理人(或案外受托人)非法获取的证据,不包括法院调查收集获取的证据。

综上,本研究旨在探讨当事人及其代理人(或案外受托人)非法获取的证据在民事诉讼中是否具有可采性,并以此检视当前国内证据法学盛行的"证据的合法性"理论。具体而言,本研究将基于证据的合法性理论,从制度发展史的角度,从两个层面来对论题展开讨论:第一,在20世纪之前的法学理论及法律制度中,证据可采性的标准是什么?在这一标准之下,非法证据在民事诉讼中是否具有可采性?第二,19世纪末至20世纪上半叶,刑事诉讼中出现并确立了非法证据排除制度,并且这一制度呈现向其他诉讼领域扩张的趋势。因此,本研究将结合20世纪证据可采性制度上的这一重大发展,进一步讨论民事诉讼领域是否也可以效仿刑事诉讼实行非法证据排除。为达到这一研究目的,本书将围绕以下几个具体的问题依次展开论述:

首先,在司法诉讼的语境中,何谓非法证据?非法证据中"非法"的界限是什么?换言之,应当如何理解、界定非法取得的证据中的"非法"?

其次,在20世纪以前的证据法学理论及法律制度中,证据的可采性标准是什么?在这一标准之下,当事人及其诉讼代理人(或案外受托人)非法获取的证据在民事诉讼中是否具有可采性?

再次,20世纪以后,非法证据排除是如何得以在刑事诉讼中产生并成为一项证据制度的?它的正当性基础是什么?

最后,发端于刑事诉讼领域的非法证据排除是否也适用于民事诉讼?如果可以,它的正当性基础又何在?排除的界限和尺度又应当如何界定?

三、研究进路

法律语境中,证据的可采性是个关乎某一事物是否具有法律许可的证据资格,并成为裁判者裁判依据的概念。本研究旨在对狭义意义上的非法证据,即诉讼当事人及其委托的诉讼代理人、取证人通过违法手段、方式获取的证据在民事诉讼中是否具有可采性问题展开论述。需要特别指出的是,与其他较为常见的法律制度问题研究路径不同,本研究并不打算在某个特定国家、地区的法律框架内,基于某个具体立法规定或司法实践对该问题进行对策式的研究。相反,笔者将按时间先后顺序,以东、西方法学界关于证据可采性的代表性研究成果为基础,并结合有关国家和地区的法律制度、司法实践,对民事诉讼中非法证据的可采性问题作一个历史性的考察,进而提出自己的一些思考结果。

概言之,本书将以 20 世纪为分界线,从两个时期对论题展开讨论:第一,20 世纪以前,在两大法系的证据法学理论及法律制度中,非法证据在民事诉讼中是否具有可采性?第二,20 世纪之后,证据的可采性理论与制度有何发展与变化?在这一背景下,非法证据在民事诉讼中的可采性又如何?鉴于刑事非法证据排除制度在确立后有向其他诉讼领域扩散的趋势,因此,起源于刑事诉讼领域的非法证据排除制度是否适用于民事诉讼领域将是第二部分的论述重点。除了绪论和结论,本书的写作内容主要有六章,具体安排如下:

第一章,证据与非法证据。本书的研究主题是狭义的非法证据在民事诉讼中的可采性问题。鉴于非法证据并不是一个实在法上的术语,而是理论上的一个抽象概念,因此,在对这类证据的可采性展开论述之前,有必要厘清非法证据的内涵外延。只有清晰界定了非法证据的概念,才有可能在后续对非法证据是否具有可采性问题进一步展开讨论,并得出相关的结论。因此,这一章主要是对一般意义上的证据、法律证据及非法证据等相关概念进行讨论与界定。

第二章,证据可采性的传统理论与非法证据。这一章旨在考察在两大法系证据法学的传统理论中,证据的可采性标准都有哪些内容,以及在这一标准下,非法证据在民事诉讼中是否具有可采性。结果表明,早在 20 世纪以前,普通法系和大陆法系的证据法律制度中几乎都不存在与非法证据相关的排除规则,或者可以说,在两大法系的证据法学理论及法律制度中,大多一致认为证据的可采性标准与取证方式无关,取证方式合法与否不影响证据在诉讼中的可采性。

第三章,非法证据排除规则的起源:非法证据与刑事诉讼。这一章主要以刑事非法证据排除规则的形成、发展为考察对象,阐明从20世纪开始,取证手段的合法性要求如何突破证据可采性的传统理论,成为影响刑事证据可采性的一个因素。

第四章,非法证据排除规则的发展:非法证据与民事诉讼。这一章主要阐述刑事非法证据排除制度如何渗透、影响到民事诉讼领域,导致非法证据在民事诉讼中的可采性成为一个备受争议的问题。

第五章,民事诉讼中非法证据排除的正当性根据。20世纪下半叶,受刑事非法证据排除规则与理论的影响,民事诉讼领域开始重新反思非法证据的可采性问题,探讨刑事诉讼中的非法证据排除规则是否可以延伸适用于民事诉讼。与刑事诉讼中的非法证据排除不同,非法获得的证据在民事诉讼中是否应当予以排除从一开始就是个颇具争议的问题。即是一个判断性的命题,逻辑上势必要先对其正当性基础进行论证。如此,才有可能得出排除或不排除(具有可采性)的结论。20世纪下半叶,以美国和德国为主要阵地,两大法系理论乃至实务界对该问题展开了一场激烈的讨论。本章主要对这场讨论中的若干代表性观点进行考察与分析,表明理论上对民事诉讼中非法证据的可采性立场经历了从绝对化肯定或否定到相对化的过程及转变,既不绝对允许,亦不绝对排除的折中立场逐渐成为理论界和实务界认可的主流意见。

第六章,民事诉讼非法证据排除的界限。第五章的考察结果表明,在民事诉讼非法证据是否应当予以排除问题上,现代证据法学理论或实务界大多倾向部分排除、部分可采的折中立场,并将决定权交给法官。这就意味着在民事诉讼中存在非法证据排除的可能性。既是如此,民事诉讼中非法证据排除的标准是什么,如何把握这种排除的界限与尺度?换言之,哪些非法证据,抑或在哪些情况下可以予以排除,这都是至关重要的问题。本章将分别从理论和实证法两个层面对上述问题展开考察和讨论。

第一章　证据与非法证据

第一节　证　　据

一、哲学语境中的证据

（一）证据的目的与功能旨在证明，证据是归纳科学的一个特征①

早在19世纪时期，英国著名法哲学家边沁在他关于证据理论的长篇巨著《司法证据原理》（*The Rationale of Judicial Evidence*）中，就从不同层面对证据的概念作了深入的探讨。在边沁看来，证据首先是一个关系词，它是理解其他事物含义的一个必要参考，在探寻事物含义的过程中，必须要将该事物与证据同时进行审视，否则，人们将难以理解该事物的含义。② 在此基础上，边沁进一步为证据下了定义。他指出，通常意义上，证据是任何事项（matter of fact），当它被呈现出来时，其效果、倾向

---

① See Nicholas Rescher & Carey B. Joynt, *Evidence in History and in the Law*, The Journal of Philosophy, Vol. 56:13, p. 561 - 578(1959).

② See Jeremy Bentham, *The Works of Jeremy Bentham*, *vol.* 6, William Tait, 1843, p. 208.

或者意图旨在就其他某一事项之存在产生说服作用,这种说服可以是对其存在的肯定抑或否定。[①]

由此可见,作为一般意义上的证据,它是人们得以认识或获悉其他事项的重要媒介,其基本特征体现为一个陈述或者信息体能够成为另外一个在断言内容上超越它的陈述或信息体的证据。[②] 证明是证据的核心功能与作用。人类较为常见的逻辑推理形式有演绎、归纳两种。在演绎推理中,从蕴含一般规则的大前提出发,根据小前提推导出个别性的结论。由于演绎推理是一种从一般到个别(特殊)的推理,前提与结论之间具有必然性,因此,结论存在有效和无效的问题。[③] 与演绎推理相反,归纳推理则是由个别(特殊)到一般,根据若干个别具体的事例,依照概率归纳得出一般性的结论。在归纳推理中,由于结论是依据概率得出的,前提与结论之间不具有逻辑上的必然性,而是只有一种或然性,[④]因此不存在结论有效抑或无效之说,而是存在结论是否合理的问题。结论合理抑或不合理,归根结底在于论证者是否为结论提供了合理且有说服力的理由,这些理由就是作为前提存在的个例,也被称为证据性论据。一个恰当的证据论证可以通过归纳扩张我们的信息范围,因此,证据推理往往可以超越作为前提的断言性内容。[⑤]

(二)证据不是一个绝对性的概念,证据与概率有密切的关系,具有概然性的特征[⑥]

对于概然性(或或然性),理论上存有很多不同的解读方式。如逻辑理论用理性信念的程度来识别概然性,即假设基于相同的证据,所有理性的人对假设

---

① See Jeremy Bentham, *The Works of Jeremy Bentham*, *vol.* 6, William Tait, 1843, p. 208.

② See Nicholas Rescher & Carey B. Joynt, *Evidence in History and in the Law*, The Journal of Philosophy, Vol. 56:13, p. 561 - 578(1959).

③ 参见陈波:《逻辑学十五讲》,北京大学出版社2008年版,第36页。

④ 参见陈波:《逻辑学十五讲》,北京大学出版社2008年版,第189页。

⑤ See Nicholas Rescher & Carey B. Joynt, *Evidence in History and in the Law*, The Journal of Philosophy, Vol. 56:13, p. 561 - 578(1959).

⑥ See Nicholas Rescher & Carey B. Joynt, *Evidence in History and in the Law*, The Journal of Philosophy, Vol. 56:13, p. 561 - 578(1959).

或预测都会有相同程度的信仰。[①] 主观理论则根据特定个体的信仰程度来确定概然性,认为并非所有理性人基于相同的证据对假设或预测都有相同程度的信仰,它允许存在不同的意见。[②] 频率理论将一个结果的概然性定义为一系列类似事件中该结果出现的极限频率。[③] 倾向理论则是把概然性看成是一组可重复条件固有的倾向。[④] 具体而言,如果说一个特定结果的概然性是 p,即意味着可重复的条件有一种倾向,即如果它们被重复很多次,则将产生一个接近 p 的结果频率。[⑤] 就逻辑理论和主观理论来看,概然性本质上是属于认识论的范畴,与认知主体的信念与认知有关。[⑥] 英国哲学家休谟就曾经指出,所谓概然性,就是"在相反的各种实验和观察中有一造胜过其余一造,并且照那种优势产生出某种程度的一种明验来"[⑦]。在《人类理解研究》这本经典著作中,休谟还曾专章就概然性进行了论述。他写道:

> 在世界上虽然没有机会这种东西,可是我们既然不知道任何事情的实在原因,所以这种无知正和机会在理解上有同样的影响,并且产生了相似的一种信念。
>
> 任何一造如果有了较多的机会,那一定生起较大的可然性(probability)来;这种优势如果愈增加,并且超过了相反的机会,而那种可然性也按照比例增加起来,因而在机会较多的那一造产生了更高

---

① See H. L. Ho, *A Philosophy of Evidence Law: Justice in the Search for Truth*, Oxford University Press, 2008, p. 111.

② See H. L. Ho, *A Philosophy of Evidence Law: Justice in the Search for Truth*, Oxford University Press, 2008, p. 111.

③ See H. L. Ho, *A Philosophy of Evidence Law: Justice in the Search for Truth*, Oxford University Press, 2008, p. 111.

④ See H. L. Ho, *A Philosophy of Evidence Law: Justice in the Search for Truth*, Oxford University Press, 2008, p. 111.

⑤ See H. L. Ho, *A Philosophy of Evidence Law: Justice in the Search for Truth*, Oxford University Press, 2008, p. 111.

⑥ See H. L. Ho, *A Philosophy of Evidence Law: Justice in the Search for Truth*, Oxford University Press, 2008, p. 113 – 114.

⑦ [英]休谟:《人类理解研究》,关文运译,商务印书馆 1981 年版,第 98 页。

度的信仰或同意。[①]

从认识论的角度,通常认为,一个信息体如果要成为另一个信息体的证据,则必须满足两个概率条件:第一,基于证据得出某一个结论的可能性很高。第二,基于证据得出某个结论的概率(后验概率)必须显著高于没有证据的概率(先验概率)。[②]

证据本质上是属于认识论范畴的一个概念。一个事实(事物)是否属于另外一个事实的证据,取决于人类对这些事实之间关系的认知。[③] 因此,这种概然性很大程度上又取决于人类的知识和对事物的认知程度。[④] 证据作为一种具有概率性的概念,是基于人们对事物信息的参考。换言之,它与人们对事态的认知有关,而与事态本身无关。[⑤] 边沁在《司法证据原理》一书中曾经谈到,人类社会生活中包括自然哲学、自然史、医学以及各学科技术在内的各种问题,归根结底都是证据问题。[⑥] 当我们使用观察、经验和实验这些词时,指的是我们自己或他人观察到或应该观察到的事实。[⑦] 鉴于证据与人们认知之间的这种关系,从而使得证据在构成合理性方面具有重要的作用。一个理性之人在判断一个命题之真伪时,往往也是基于他所能获得的证据作出判断。这点,正如休谟在他的经典著作《人类理解研究》中指出的:

> 由证人和人类报告得来的证据既然凭借于过去的经验,那么这种

---

① [英]休谟:《人类理解研究》,关文运译,商务印书馆1981年版,第53页。

② See Nicholas Rescher & Carey B. Joynt, *Evidence in History and in the Law*, The Journal of Philosophy, Vol. 56:13, p. 561 – 578 (1959); N. Rescher, *A Theory of Evidence*, Philosophy of Science, Vol. 25, p. 83 – 94 (1958).

③ See Nicholas Rescher & Carey B. Joynt, *Evidence in History and in the Law*, The Journal of Philosophy, Vol. 56:13, p. 561 – 578 (1959).

④ See Nicholas Rescher & Carey B. Joynt, *Evidence in History and in the Law*, The Journal of Philosophy, Vol. 56:13, p. 561 – 578 (1959).

⑤ See Nicholas Rescher & Carey B. Joynt, *Evidence in History and in the Law*, The Journal of Philosophy, Vol. 56:13, p. 561 – 578 (1959).

⑥ See Jeremy Bentham, *The Works of Jeremy Bentham*, *vol.* 6, William Tait, 1843, p. 208.

⑦ See Jeremy Bentham, *The Works of Jeremy Bentham*, *vol.* 6, William Tait, 1843, p. 208.

证据就是跟着经验变的，而且它之能成为证明或可然性，也只是看某种特殊的报告和某种特殊的物象，其会合是恒常的，还是不定的。[①]

一个聪明人就使他的信念和证据适成比例。在建立于无误的经验上的那些结论中，他以最高度的确信来预期将来的事情，他并且以他过去的经验作为那种事情将来要存在的证据。在别的情形下，他的推论就得较为谨慎一些。他要衡量各种相反的实验，他要考察那一造是被较多的实验所证实的，在找寻出那一造以后，他就带怀疑踌躇之态来倾向于那一造；即在最终他确定了自己的判断以后，那种明验也超不过我们所谓可然性。[②]

二、法律语境中的证据

作为法律术语的证据，实证法上直接对证据的概念做出定义的情况并不多，更多的是体现在关于证据规则的各种实体法规定之中，但也有些法律对证据的内涵外延作出定义。例如，我国《刑事诉讼法》第 50 条规定："可以用于证明案件事实的材料，都是证据。证据包括：（一）物证；（二）书证；（三）证人证言；（四）被害人陈述；（五）犯罪嫌疑人、被告人供述和辩解；（六）鉴定意见；（七）勘验、检查、辨认、侦查实验等笔录；（八）视听资料、电子数据……"

但是，值得注意的是，法律上证据的概念并非固定不变的，也不具有普遍性。[③] 譬如，在坚持神明裁判主义的中世纪时期，人们对证据的理解就远远不同于现代法律制度中的证据。中世纪时期，诅誓和包括水审、火审在内的各种神断都是神明裁判主义的证明方法。在这种证明制度中，神明的启示被视为无可争议的证据，但对比近现代的证据法，这种证据实质上是非理性司法证明制度的一种产物，实际上与案件事实之间没有相关性。另外，即使是在奉行证据裁

---

① ［英］休谟：《人类理解研究》，关文运译，商务印书馆 1981 年版，第 99 页。

② ［英］休谟：《人类理解研究》，关文运译，商务印书馆 1981 年版，第 98 页。

③ See Ho, Hock Lai, *The Legal Concept of Evidence*, The Stanford Encyclopedia of Philosophy (Winter 2021 Edition) (Nov. 13, 2015), https://plato.stanford.edu/archives/win2015/entries/evidence-legal/.

判主义的现代社会，不同法系对证据的规定与理解也存在差别。

一般认为，法律语境下的证据有四个层面上的意义：(1)感官性的证据，例如物证、书证、言词证据等；(2)指涉一种事实；(3)作为推理前提的事实命题；(4)在审判过程中，关于证据可采性的条件（有时也包括在证据的法律概念中）。① 尽管如此，无论是哪个层面意义上的证据，无论是在普通法系抑或大陆法系，在法律语境下，证据都主要运用于司法诉讼当中，被当事人借以证明主张的事实。正如边沁所言，司法证据（或法律证据、诉讼证据）是任何事实的通称，它被呈现在法官面前，说服法官确信存在某些事实。通过这种确信，法官继而作出有效力的裁决。② 因此，作为法律术语或法律概念的证据，不置可否，首先应当具有一般意义上证据应有具有的证明价值（或证明性）。换言之，法律意义上的证据应当与待证事实之间具有逻辑上的相关性。

证据是为证明服务的，因此，它总是与证明相伴相生，无证明亦无证据。然而，从证明的角度来看，并非所有的事实都需要证明。早在1000多年前，古希腊哲学家塞克斯都·恩披里克（Sextus Empiricus）就已经指出，自明的东西因为自身即可知，是得到公认的，因此无须证明；而不明的东西总是处于争议之中，因此才需要证明。③ 这一观点也体现在当今司法证明理论关于众所周知的事实、当事人自认事实属于免证事实的观点中。因此，在司法诉讼中，并非所有与案件事实有关的事实（事物）都可以构成证据，只有那些与对诉讼有影响且存在争议的事实有关的事实才能成为证据。美国《联邦证据规则》第401条规定，关联证据是指证据具有某种倾向，使对决定诉讼具有重要意义的某项事实的存在比没有该项证据时更有可能或更无可能；其中，“具有重要意义的事实”就被认为是具有实质性的事实，即案件中的争议事实。④ 由此，在诉讼中，待证事实必

---

① See Ho, Hock Lai, *The Legal Concept of Evidence*, The Stanford Encyclopedia of Philosophy (Winter 2021 Edition) (Nov. 13, 2015), https://plato.stanford.edu/archives/win2015/entries/evidence-legal/.

② See Jeremy Bentham, *The Works of Jeremy Bentham*, *vol.* 6, William Tait, 1843, p. 210.

③ 参见［古罗马］塞克斯都·恩披里克：《反对理论家》，孙仲、曹欢荣等译，中国社会科学出版社2007年版，第145～156页。

④ 参见［美］约翰·W. 斯特龙主编，［美］肯尼斯·S. 布荣等编著：《麦考密克论证据》，汤维建等译，中国政法大学出版社2004年版，第360页。

须满足两个条件:第一,对诉讼结果有影响意义的事实,即对案件的裁判结果有影响意义的事实,通常这类事实是由实体法来决定的。第二,必须是当事人有争议的事实。一方面,即使一个事实对诉讼结果有影响,但如果当事人对此并不存在争议,则一般没有证明的必要。譬如,在一个违约损害赔偿诉讼中,存在合法有效的合同、被告违约及原告据此遭受的损失都是对诉讼有影响的事实,但是如果原、被告双方对前两个事实均无异议,只对原告的具体损失存在争议,那么只有后面一个事实是争议事实。因此,也只有与该事实有关的事实才是司法意义上的证据。另一方面,即使当事人对某个事实存在争议,但该事实对于诉讼裁判结果而言并不会产生任何实质性影响,则该事实也不属于待证事实。如在前述违约损害赔偿之诉中,虽然原、被告双方对被告违约是由于被告自身原因造成的还是因为案外第三人导致的存在争议,但由于该事实并不会影响案件的裁判结果,因此,该争议的事实也不属于案件的待证事实。

除此以外,与一般日常生活所说的证据相比,法律意义上的证据往往受到许多规则的约束与限制。这也意味着在法律层面上,并非所有的事物都可以成为证据。一个事物在诉讼中能否成为证据,首先取决于其是否具有证据能力(也称为证据资格,或证据的适格性),①或者说取决于其在法律上是否具有可采性。英国学者威廉·肖就认为,作为法律术语的证据的要求要比一般证据更为严格。在他看来,"许多被外行人认为对于发现事实真相来说是重要的事物,却被法律基于司法程序的目的加以排除"②,因此,"司法意义上的证据可以被认为是指按照证据规则而被允许用于证明或者反驳处于调查中的事项的事实"③。

司法意义上的证据,旨在呈现于司法裁判者裁判之前说服裁判者,使其相信存在某个特定的事实,并据此作出合理的裁判。④ 虽然法律语境中的证据功能与目的也旨在证明,但是与其他领域(如历史学)中使用的证据相比较,法律

---

① 参见张建伟:《证据法要义》(第2版),北京大学出版社2014年版,第140页。

② William Shaw, *Evidence in Criminal Case*, Butterworth & Co. Ltd., 1954, p. 2－3. 转引自张建伟:《证据法要义》(第2版),北京大学出版社2014年版,第140页。

③ William Shaw, *Evidence in Criminal Case*, Butterworth & Co. Ltd., 1954, p. 2－3. 转引自张建伟:《证据法要义》(第2版),北京大学出版社2014年版,第140页。

④ See Jeremy Bentham, *The Works of Jeremy Bentham*, *vol.* 6, William Tait, 1843, p. 208.

中的证据却存在诸多限制。譬如，在奉行证据法定主义传统的法律制度中，法律对证据的形式往往存在要求，即只有符合法律规定形式的事物才能够作为证据使用。如我国 2012 年修改之前的《民事诉讼法》第 63 条第 1 款规定："证据有下列几种：（一）书证；（二）物证；（三）视听资料；（四）证人证言；（五）当事人陈述；（六）鉴定结论；（七）勘验笔录。"2012 年《民事诉讼法》进行修改之后，新增电子数据作为一种证据。因此，在 2012 年《民事诉讼法》进行修改之前，电子数据在我国内地司法诉讼中并不能被视为证据。再如，我国澳门特别行政区《民法典》第 338 条关于证据之约定的第 2 款规定："在相同条件下，排除某种法定证据方法之约定或采纳某种与法定证据方法不同之方法之约定均无效；然而，如规范证据之法律规定系以公共秩序上之理由为依据，则上述约定在任何情况下均属无效。"显而易见，根据我国澳门特别行政区民事立法之规定，当事人不能自行约定使用法定证据种类之外的事物作为证据。

除了形式上的要求，法律通常还对证据的收集、审查、采用程序作出规定与要求。譬如，要求证据的收集方法、获取方式必须要合法。因此，有些事物虽然形式上符合法律对证据的要求，但是由于收集的方式、方法或程序违反了法律的规定，那么在诉讼中同样不能作为证据使用。如我国澳门特别行政区《民事诉讼法典》在第 435 条确立了证据合规范原则，该条明确规定："不得于审判中采用透过侵犯人之身体或精神之完整性，又或透过侵入私人生活、住所、函件及其他通讯方法而获得之证据。"

除此以外，有些事物虽然在形式、收集程序上符合法律对证据的要求，但是基于一些特殊利益的考虑，法律也会明确禁止将其作为证据使用，这通常表现为实证法中存在的各种证据排除规则。最为典型的例子就是传闻证据排除规则。传闻证据并不是由证人在庭上宣誓作出的证言，而是一种转述。考虑到陈述人无法到庭宣誓并接受交叉询问，传闻证据的真实可靠性欠缺保障，为了避免法官或陪审团被误导，普通法系中设置了传闻证据排除规则。[①] 据此，传闻证

---

① 参见[美]约翰·W. 斯特龙主编，[美]肯尼斯·S. 布荣等编著：《麦考密克论证据》，汤维建等译，中国政法大学出版社 2004 年版，第 480 ~ 483 页。

据在诉讼中通常不能作为证据使用。

法律语境中的证据之所以较一般意义上的证据存在诸多限制，归根结底，原因在于证据只是人类活动中为实现某个目的的手段而已。① 因此，法律上对证据的定位及理解难免会受到其服务的活动的影响。在历史学领域，证据对于历史学家进行史学研究也很重要，但是由于历史学只关注事实本身，并以追求事实真相为唯一目的，因此，历史学语境中对证据的限制很少。② 与只关注过去曾经发生了什么以及为什么会发生的史学研究不同，法律审判往往并不以追求事实真相为唯一目的。回顾人类社会诉讼的发展史，不难发现，无论是在奉行神明裁判的时期，抑或在采取证据裁判的时代，司法审判都没有以发现事实真相为终极目标，其目的无非都是在双方有争议的主张之间寻求一个合理的裁判。著名证据法学家摩根（E. M. Morgan）就曾指出，审判的目的不是发现真相，而是确立事实基础，以解决争议双方的纠纷。③ 但摩根也指出，使这个基础尽可能地接近事实真相是诉讼的首要目标。④ 如果说还原过去事实真相是历史学的目标，那么在诉讼中，裁判者主要是在双方有争议的主张之间寻求合理的裁判，对有关事实真相的调查并非法官审判的首要目的与任务，这是次要的。本质上，法官审判的目的并不是寻求真相本身，而是在一个旨在保护整个社会利益的广泛框架内，在相互冲突的主张之间作出裁判，在对立的当事人之间寻得一个合理的解决方案。

---

① See Jeremy Bentham, *The Works of Jeremy Bentham*, *vol.* 6, William Tait, 1843, p. 209.

② See Nicholas Rescher & Carey B. Joynt, *Evidence in History and in the Law*, The Journal of Philosophy, Vol. 56:13, p. 561 – 578(1959).

③ See Edmund M. Morgan, *Some Problems of Proof under the Anglo—American System of Litigation*, New York, 1956, p. 128.

④ See Edmund M. Morgan, *Some Problems of Proof under the Anglo—American System of Litigation*, New York, 1956, p. 128.

第二节　证据的合法性与非法证据

一、证据的合法性

如上所述,司法证据与日常生活语境中所言及的证据有一定的差别。在日常生活语境中,只要一个信息体与另外一个信息体之间存在关联性,或者说满足两个概率条件,那么该信息体可以成为另外一个信息体的证据。然而,在法律的语境下,一个事物能否成为证据,有时候还受限于法律之规定。因此,在法律语境下,证据除了要具有一般意义上证据的自然属性——相关性及概率性,通常还需要符合法律之规定。鉴于此,不少研究将合法性视为法律证据的一个本质属性或者是构成要件。[①] 如我国证据法学者毕玉谦教授就认为,证据的合法性是法律对证据资料的规定性,是某一证据资料在诉讼中可被用来证明待证事实的一种法律上的资格,证据的合法性是证据资料的外在属性。[②] 除此以外,我国诉讼法、证据法理论界乃至司法实务界的主流意见均将合法性与相关性(或关联性)、真实性(或客观性)并列作为认定法律证据成立的标准(为简化表述,本书将这一主流意见概括为法律证据的"三

---

① 相关的讨论,可参见张志铭、延柄斗:《非法证据排除规则的法理意涵》,载《浙江社会科学》2019年第8期;宋世杰:《论诉讼证据概念的科学表述及特征》,载《政治与法律》2005年第3期;熊志海:《论证据的本质》,载《现代法学》2002年第4期;汤维建:《关于证据属性的若干思考和讨论——以证据的客观性为中心》,载《政法论坛》2000年第6期;毕玉谦:《从解读证据合法性的角度来认识证据在法律上的适格性》,载常林、张中主编:《证据理论与科学——第三届国际研讨会论文集》,中国政法大学出版社2012年版。有些学者将其表述为证据的合法性关系到证据能力问题,证据的合法性是证据具有法律效力的重要条件,参见樊崇义主编:《证据法学》(第3版),法律出版社2005年版,第135~136页;熊志海:《信息视野下的证据法学》,法律出版社2014年版,第97~98页。

② 参见毕玉谦:《从解读证据合法性的角度来认识证据在法律上的适格性》,载常林、张中主编:《证据理论与科学——第三届国际研讨会论文集》,中国政法大学出版社2012年版。

要件说”)[①]。在这一标准之下,具备“三性”——合法性、真实性与相关性成为某一个事物(事实)构成法律证据的充要条件;换言之,如果不具备“三性”中的任何一个属性,则不能在司法裁判中作为证据使用。[②]

那么何谓证据的合法性呢?有学者认为,诉讼证据的合法性是指诉讼中的证据必须是按法律的要求和程序取得的事实;[③]也有学者认为,证据的合法性要求作为裁判依据的证据在形式、取得(收集)等方面必须符合实体法和程序法中的强行性规范或禁止性规范;[④]还有学者认为,证据的合法性包括符合法律特定的形式以及不违反法律所规定的事项。[⑤] 虽然表述不一,但总体而言,按照目前我国学者的主流观点,证据的合法性通常包括以下几个方面的内容:

第一,形式合法,即证据的表现形式必须符合法律规定,否则不得作为证据使用。[⑥] 这种情况一般只存在对证据形式或种类实行法定主义的国家。[⑦] 如我国实行法定主义的证据形式(或种类),三大诉讼法中均以明确列举的方式对证据的形式(或种类)作出规定。如我国《民事诉讼法》中规定证据有八种法定的表现形式:书证、物证、视听资料、电子数据、证人证言、当事人的陈述、鉴定意见

---

① 参见邵明:《正当程序中的实现真实——民事诉讼证明法理之现代阐释》,法律出版社 2009 年版,第 209、231 ~ 242 页;王蕴:《证据排除规则研究——以民事诉讼为中心》,法律出版社 2014 年版,第 6 ~ 10 页;汤维建:《关于证据属性的若干思考和讨论——以证据的客观性为中心》,载《政法论坛》2000 年第 6 期。有些学者也将证据的“三性”表述为客观性、相关性和法律性,详见叶自强:《民事证据研究》,法律出版社 2002 年版,第 5 ~ 6 页。

② 参见张志铭、延柄斗:《非法证据排除规则的法理意涵》,载《浙江社会科学》2019 年第 8 期;汤维建:《关于证据属性的若干思考和讨论——以证据的客观性为中心》,载《政法论坛》2000 年第 6 期。

③ 参见汤维建:《关于证据属性的若干思考和讨论——以证据的客观性为中心》,载《政法论坛》2000 年第 6 期。

④ 参见邵明:《正当程序中的实现真实——民事诉讼证明法理之现代阐释》,法律出版社 2009 年版,第 236 页。

⑤ 参见毕玉谦:《从解读证据合法性的角度来认识证据在法律上的适格性》,载常林、张中主编:《证据理论与科学——第三届国际研讨会论文集》,中国政法大学出版社 2012 年版。

⑥ 参见汤维建:《关于证据属性的若干思考和讨论——以证据的客观性为中心》,载《政法论坛》2000 年第 6 期;参见王蕴:《证据排除规则研究——以民事诉讼为中心》,法律出版社 2014 年版,第 9 ~ 10 页。

⑦ 对证据形式(种类)实行法定主义的情况主要常见于一些大陆法系国家和地区;普通法系国家和地区的立法通常不对证据的形式作严格要求。换言之,任何形式的证据都可以在法庭上使用,除非法律有禁止规定。

以及勘验笔录。最高人民法院《关于民事诉讼证据的若干规定》第 87 条中规定,审判人员对单一证据进行审核认定时,需要审核证据的形式是否符合法律规定;最高人民法院《关于行政诉讼证据若干问题的规定》第 55 条第 1 项中亦规定,法庭在对证据的合法性进行审核时,需要审核证据是否符合法定形式。但也有学者对这种意见提出过质疑,理由在于法律上的这种列举式规定并不能穷尽大千世界中所有的证据表现形式,将形式合法作为判断证据是否具有合法性的一个因素不科学,也欠缺合理性基础。[①]

第二,主体的合法性,即强调证据的收集主体必须合法。具体而言,取证或提供证据的主体必须具有收集、提出证据的法定权限。[②]

第三,取证程序合法,即要求证据的收集程序、获取方式符合法律规定(或不得违反法律规定)。[③] 如我国最高人民法院《关于民事诉讼证据的若干规定》第 87 条中就明确规定,审判人员在对单一证据进行审核时,需要审核证据的来源是否符合法律规定;最高人民法院《关于适用〈中华人民共和国民事诉讼法〉的解释》第 106 条规定:"对以严重侵害他人合法权益、违反法律禁止性规定或者严重违背公序良俗的方法形成或者获取的证据,不得作为认定案件事实的根据。"此外,最高人民法院《关于行政诉讼证据若干问题的规定》第 55 条关于法庭对证据合法性进行审查的内容中也明确包括证据的取得是否符合法律、法规、司法解释和规章要求;该规定第 58 条还进一步规定:"以违反法律禁止性规定或者侵犯他人合法权益的方法取得的证据,不能作为认定案件事实的依据。"

---

① 参见纪格非、田圣斌:《论民事诉讼证据的合法性》,载《中南民族大学学报(人文社会科学版)》2005 年第 2 期;陈桂明、计格非:《民事诉讼证据合法性的重新解读》,载《国家检察官学院学报》2005 年第 2 期。

② 参见王蕴:《证据排除规则研究——以民事诉讼为中心》,法律出版社 2014 年版,第 9 ~ 10 页;陈桂明、计格非:《民事诉讼证据合法性的重新解读》,载《国家检察官学院学报》2005 年第 2 期。

③ 参见汤维建:《关于证据属性的若干思考和讨论——以证据的客观性为中心》,载《政法论坛》2000 年第 6 期;王蕴:《证据排除规则研究——以民事诉讼为中心》,法律出版社 2014 年版,第 9 ~ 10 页;陈桂明、计格非:《民事诉讼证据合法性的重新解读》,载《国家检察官学院学报》2005 年第 2 期。

二、非法证据

基于证据在法律上的合法性理论，非法证据通常包含以下证据：[①]

（1）主体不合法的证据，即由不具备法定资格或者不具备法定权限的主体获取或提供的证据。

（2）形式不合法的证据，即不具备或不符合法定形式的证据。

（3）取证程序不合法的证据，即通过违法程序、非法手段取得的证据。

在上述第（3）类非法证据中，证据的不合法性源自其取证方式、手段或程序的非法性。另外，取证程序或手段不合法的证据（illegally obtained evidence）通常被视为狭义的非法证据，也是理论上非法证据排除规则所针对的对象。除此以外，国外许多研究也倾向于将非法证据理解为上述第（3）类所指的证据。如意大利学者安德里亚·格拉齐奥西就曾指出，非法证据是指那些由当事人非法占有、获取的证据或者是在诉讼程序之外非法形成的证据。[②] 意大利学者卢卡·帕萨南特也认为非法证据仅限于那些由当事人在诉讼程序之外非法获取或者是以非法的方式制作形成的证据，而且只有那些通过违反实体法的方式获得或形成的证据才属于非法证据，任何通过违反程序法或习惯法获得的证据均不属于非法证据的范畴。[③] 再如，美国《牛津法律大辞典》中也将非法证据定义为通过某些非法手段而获得的证据。[④]

对于当事人自己非法获取、占有的证据，较为常见的例子如当事人窃取他人含有供述内容的私人日记作为证据使用；或者在离婚诉讼中，夫妻一方窃取对方的通信、邮件用以证明对方的通奸行为、财产状况等；又或者在不正当竞争

---

① 参见王蕴：《证据排除规则研究——以民事诉讼为中心》，法律出版社 2014 年版，第 83 页；李浩：《民事证据立法前沿问题研究》，法律出版社 2007 年版，第 128 页。

② See Andrea Graziosi, *Usi E Abusi Di Prove Illecite E Prove Atipiche Nel Processo Civile*, Rivista Trimestrale Di Diritto E Procedura Civile, Vol. 65:3, p. 693 – 726 (2011).

③ See Luca Passanante, *La Prova Illecita Nel Processo Civile*, Giappichelli, Torino, 2017, p. 155.

④ 参见［英］戴维·M. 沃克：《牛津法律大辞典》，李双元译，法律出版社 2003 年版，第 545 页。转引自王蕴：《证据排除规则研究——以民事诉讼为中心》，法律出版社 2014 年版，第 83 页。

的案件中,一方通过盗窃或者威胁的方式获取竞争企业含有商业信息的文件作为证据使用等。至于在诉讼程序之外形成的证据,较为典型的例子如在离婚案件中,当事人聘请私家侦探拍摄的照片、录音录像等资料;或者是一方当事人借助科技手段秘密收集获取的音像资料,如私自通过手机进行的录音、录像等。

三、问题的提出:非法证据非证据?

基于前述法律证据"三要件说",合法性是法律证据的一个重要构成要件(或属性);如果证据不合法,则不属于法律意义上的证据。[①] 由此,可以得出一个命题或结论:在法律语境中,非法证据不属于诉讼证据的范畴,即非法证据非证据。鉴于非法获得的证据也属于非法证据的范畴,那么基于上述命题,似乎可以进一步得出一个结论,非法获得的证据也不属于法律意义上的证据,换言之,非法获得的证据在诉讼中自然也不具有可采性。但事实是如此吗?本书将对非法证据在民事诉讼中的可采性问题展开讨论,以对上述命题进行检视。

特别要指出的是,本论题所针对和探讨的非法证据范围限于上述第(3)类所指的狭义上的"非法证据"[②];主体不合法以及形式上不合法的非法证据均不在本书的论域之内。

四、非法证据之"非法"

如上所言,狭义上的非法证据指向的是取证程序、方式或手段不符合或违反法律规定的证据。这个概念似乎已经很清晰地界定了非法证据的内涵外延,

---

① 参见张志铭、延柄斗:《非法证据排除规则的法理意涵》,载《浙江社会科学》2019 年第 8 期;尹璐、赵宁:《一则案例引发的关于证据合法性的思考》,载《东南大学学报(哲学社会科学版)》2006 年第 8 卷;李浩:《民事诉讼非法证据排除规则探析》,载《法学评论》2002 年第 6 期;汤维建:《关于证据属性的若干思考和讨论——以证据的客观性为中心》,载《政法论坛》2000 年第 6 期。有些学者也将证据的"合法性"表述为"法律性",即只有依法定程序收集和认定的证据事实,才能作为定案的根据,详见叶自强:《民事证据研究》,法律出版社 2002 年版,第 5 ~ 6 页。

② 鉴于此,在下文的论述中,如无特别说明,"非法证据"均限于"非法取得的证据"。

判断一个证据合法与否，取决于该证据的取证行为合法与否。在这个语境中，非法证据的非法性并不是源于证据本身，而是源自证据形成或者获取过程中的非法行为。因此，对证据非法性的判断又可具体转化为取证行为的非法性。那么又该如何去判定取证行为的非法性呢？从实定法的角度来看，除了刑法中确立的刑事犯罪标准，其他法律领域很少给出具体明确的指引，清晰在什么情况下会导致当事人获取证据的行为被视为非法的行为。另外，从理论上来看，基于不同的维度与视角，对非法行为的理解也会有所不同。

由于本书讨论的是民事诉讼中非法证据的可采性问题，因此，在对有关证据可采性问题展开讨论之前，有必要明确哪些取证行为可以被视为非法行为，因此对“非法取得证据”之“非法性”的讨论是必不可少的。

（一）分析实证主义视角下的“非法”：法律命令论

19世纪，分析法学的奠定者奥斯丁提出了赫赫有名的“法律命令说”。在他看来，实在法是由主权者或主权者群体为独立政治社会中某一成员或一些成员而制定的，因此，本质上，实在法就是主权者的一种命令。[①] 基于此，一些被称为命令主义者的人认为，界定非法的一个最简单、最直观的方法就是确定行为是否违反法律规范。[②] 因此，在法律命令论者的视角下，非法性的界定，尤为强调行为与法律规则的不一致性。不同类型的法律行为属性需要结合行为与法律规则来考量，法律规则是判断行为合法与否的唯一标准。德国著名哲学家康德就曾指出，“如果一种行为与法律的法则一致就是它的合法性”[③]。由此，或许可以进一步得出，根据法律规则性质不同，非法证据可以区分为违反实体法规则的非法证据以及违反程序法规则的非法证据。

在奥斯丁的法律命令说中，法律不仅是一种命令，而且命令和义务、制裁之间是不可分割的相互联系的术语。[④] 这意味着，每个术语都包含了另外两个术

---

① 参见［英］约翰·奥斯丁：《法理学的范围》，刘星译，中国法制出版社2003年版，第218页。

② See Giacomo Gavazzi, *Studi di teoria del diritto*, Giappichelli, Torino, 1993, p. 498.

③ ［德］康德：《法的形而上学原理》，沈叔平译，商务印书馆1991年版，第14页。

④ 参见［英］约翰·奥斯丁：《法理学的范围》，刘星译，中国法制出版社2003年版，第23页。

语的意思;或者说,三个术语中的每一个都在说明同样的含义。[①] 譬如,当命令出现的时候,义务也就出现了。[②] 因此,法律命令主义者在将非法行为定义为违反法律规范的行为时,通常伴随着违反法律义务的逻辑,因为如上所述,在法律命令说中,义务(无论是积极抑或消极)是法律规范的一个特征。正如康德所言:"一切立法,无论是涉及内在的或外在的行为,也不论它来自纯粹理性的先验的命令,或者是由于别人意志的规定,都涉及两个因素:第一是法则,它表示该行为出于客观上的必然性,是应该发生的,因而把这种行为变成义务……""一种行为与义务法则相一致构成此行为的合法性。"[③]因此,非法的行为又可以理解为违反法律义务的行为。基于此,违法行为可以包括侵权行为、违反意定义务的行为和违反法定义务的行为,[④]非法证据既可以是通过侵权获得的证据,亦可以是通过违约获取的证据。

除此以外,俄罗斯学者马尔琴科在《国家与法的理论》中亦曾指出,在任何一个社会中,违法行为都是合法行为的社会对立面和法律对立面。违法行为是具有法律行为能力的一人或多人实施的有罪过的,违反法律规定的,给社会带来危害并将导致法律责任的行为。[⑤] 因此,在他看来,行为违法性的具体表现既可以是违反了由法律或任何其他规范性法律文件直接规定的禁令,也可以是不履行由法律或者根据法律签订的合同赋予法律主体的义务。[⑥]

(二)纯粹法学视角下的"非法":制裁论

制裁论者认为证据的非法性与制裁有密切的关系,制裁是认定证据非法性的一个充分及必要条件。单纯的命令性法律规范抑或禁止性法律规范本身是

---

① 参见[英]约翰·奥斯丁:《法理学的范围》,刘星译,中国法制出版社2003年版,第24页。

② 参见[英]约翰·奥斯丁:《法理学的范围》,刘星译,中国法制出版社2003年版,第19页。

③ [英]约翰·奥斯丁:《法理学的范围》,刘星译,中国法制出版社2003年版,第29页。

④ 参见常鹏翱:《事实行为的基础理论研究》,北京大学出版社2016年版,第25页。

⑤ 参见[俄]M. H. 马尔琴科:《国家与法的理论》,徐晓晴译,中国政法大学出版社2010年版,第454页。

⑥ 参见[俄]M. H. 马尔琴科:《国家与法的理论》,徐晓晴译,中国政法大学出版社2010年版,第454~455页。

无法说明一个行为的非法性，只有当法律预设了违反这些规范的后果即制裁（惩罚）时，才能据以认定行为的非法性；[①]这一主张的提出是以奥地利法学家凯尔森的理论为基础的。

在将法律与道德以及事实进行分离的纯粹法学理论中，凯尔森界定了法学意义上不法行为的概念。在《法与国家的一般理论》中，凯尔森指出：

> 制裁是被当作对某种行为的一个后果，这种行为是被认为对社会有害的，且根据法律秩序的意图，是必须加以避免的。这种行为就称为不法行为。……不法行为是法律秩序赋予制裁的条件，一定行为之所以是不法行为，就因为法律秩序对这一作为条件的行为赋予作为后果的制裁。如果行为具有刑事制裁的后果，它便是一个刑事不法行为；如果具有民事制裁的后果，则便是民事不法行为。按照通常的推定，人的某类行为之所以引起制裁，就因为它是不法行为，这种推定是不正确的。它是一个不法行为，就因为它引起了一种制裁。从一个以实在法为唯一物件的理论来看，除了行为是制裁的条件这一点，不法行为就别无其他标准。[②] ……人的行为只有在实在法律规范对这一作为条件的行为赋予作为后果的制裁时，才能被认为是不法行为。[③]

由此可见，在凯尔森的理论中，就行为本身而言，没有什么本性上的不法行为。换言之，一个行为是否具有不法性，不能只透过对该行为纯粹的分析来寻求答案，它必须以特定的法律秩序为基础。[④] 一个行为只有为法律禁止，成为法律上的禁止行为时，才有可能成为不法行为。另外，同一个行为是否是不法行为，在不同国家、不同法律制度下，可能会得出截然不同的答案。只有透过法律

---

① See Luca Passanante, *La Prova Illecita Nel Processo Civile*, Giappichelli, Torino, 2017, p. 139.

② ［奥］凯尔森：《法与国家的一般理论》，沈宗灵译，中国大百科全书出版社 1996 年版，第 56 页。

③ ［奥］凯尔森：《法与国家的一般理论》，沈宗灵译，中国大百科全书出版社 1996 年版，第 57 页。

④ 参见［奥］凯尔森：《法与国家的一般理论》，沈宗灵译，中国大百科全书出版社 1996 年版，第 57 页。

规范与制裁相联系时,才可以被视为非法行为。

在凯尔森看来,如果仅仅违反了立法者所希望的某种行为就被认为是非法行为,那么非法行为就不会成为法学上的一个概念。[①] 将非法行为理解成为是违反法律的行为,这都只是表明非法行为违反了法律的目的,但这属于道德或政治意义上的概念,而不是法学意义上的定义。[②] 从法学的观点来看,非法行为并不是对法律的违反,而是法律规范存在的特定形态,法律规范的效力丝毫没有受到非法行为的影响。[③] 非法行为也不是违反法律或者法律的一种否定,而是一个由法律所决定的条件。[④] 因此,在凯尔森的纯粹法学理论中,非法行为不仅与制裁有密切的联系,而且是作为制裁的一个必要条件存在的。不法行为作为法学上的定义,必须要以法律规范为基础,法学意义上的不法行为是作为行为后果的制裁所针对的那个人的行为。[⑤]

在规范论者的视角中,非法行为的构成与制裁并无必然关系;然而根据纯粹法学的制裁理论,非法行为是制裁的一个充要条件。从这一角度来看,与此前基于规范论作出的定义相比,纯粹法学制裁论实际上是进一步缩小了非法性的范围。[⑥] 但有意见也指出,虽然制裁论克服规范论严格形式主义的缺陷,但它仍然存在诸多局限与问题,譬如,即使澄清了非法性与制裁有密切联系,也并不意味着已经解决了什么是非法的问题。对此,意大利民事诉讼法学者卢卡·帕萨南特认为,这种不确定性的原因在于,理论上对制裁的概念没有达成共识。换句话说,根据被制裁的非法理论,非法性的判断与制裁有密切关系,但是,如

---

① 参见[奥]凯尔森:《法与国家的一般理论》,沈宗灵译,中国大百科全书出版社 1996 年版,第 58 页。

② 参见[奥]凯尔森:《法与国家的一般理论》,沈宗灵译,中国大百科全书出版社 1996 年版,第 58 页。

③ 参见[奥]凯尔森:《法与国家的一般理论》,沈宗灵译,中国大百科全书出版社 1996 年版,第 58 页。

④ 参见[奥]凯尔森:《法与国家的一般理论》,沈宗灵译,中国大百科全书出版社 1996 年版,第 58 页。

⑤ 参见[奥]凯尔森:《法与国家的一般理论》,沈宗灵译,中国大百科全书出版社 1996 年版,第 59 页。

⑥ Luca Passanante, *La Prova Illecita Nel Processo Civile*, Giappichelli, Torino, 2017, p. 141.

果没有确立什么是制裁,就无法说明什么是非法。①

关于什么是制裁,卢卡·帕萨南特认为这犹如打开了潘多拉的盒子,从一般的法律理论到部门法,对制裁的讨论很多,但都没有达成共识,也没有尽如人意的结果。按照卢卡·帕萨南特的观点,以下三种措施都可以纳入制裁的范畴:(1)通过恐吓、威慑机制阻止违反规范中命令的预防措施。在卢卡·帕萨南特看来,这是一种制裁的威胁,属于潜在的制裁。(2)具有报应性质的惩罚措施,这种惩罚可以体现在经济、社会、法律抑或身体任何一方面。(3)具有修复性质的措施,如适当的经济补偿或赔偿。② 按照卢卡·帕萨南特的观点,非法证据是指当事人在诉讼程序之外通过违反具有制裁后果的实体法律规范获得的,抑或以违反具有制裁后果的实体法律规范方式形成的证据。③ 因此,通过制裁的概念,可以确定非法证据的界限,从而明确非法证据的内涵外延。

第三节　本章小结

基于前述的分析与讨论,可以发现,在自然哲学视角中,证据本质上是一种帮助人类活动达至某种目标的手段与媒介,其作用旨在证明,以帮助人们认知、获悉其他相关事物、事实。与此同时,证据不具有绝对性。一个事实能否成为一个事实的证据,很大程度上受限于人类对有关事实的认知能力与程度,因此,证据具有概然性(或然性)。在司法领域,证据的辅助性功能体现于帮助当事人证明其主张的事实,帮助裁判者查明争议事实,从而适用法律,居中裁判。基于证据的辅助性,在不同领域,对证据的理解与认识也存在差异。在法律语境中,鉴于司法活动的特殊性,对证据的理解往往受到诸多限制,最为典型的体现就是在很多情况下,法律对证据具有特殊的要求。这种要求既可以是形式上的要求,也可以是程序上对取证方法、手段的要求。基于法律上的这种要求,我国不

---

① Luca Passanante, *La Prova Illecita Nel Processo Civile*, Giappichelli, Torino, 2017, p. 141.

② Luca Passanante, *La Prova Illecita Nel Processo Civile*, Giappichelli, Torino, 2017, p. 145 – 146.

③ Luca Passanante, *La Prova Illecita Nel Processo Civile*, Giappichelli, Torino, 2017, p. 155.

少学者在理论上将合法性视为司法证据的一个重要属性或构成要件。

作为一种与合法证据相对立的存在,非法证据也有不同的内涵与外延,但在狭义层面,非法证据通常是指通过非法方式、手段或者程序获得、形成的证据。本书关于民事诉讼中非法证据可采性问题的研究也是围绕狭义意义上的非法证据所进行的。作为前提,非法证据的确定对非法证据是否具有可采性这一论题的讨论至关重要。在狭义层面上,非法证据的非法性并非源自证据本身,而是源于取证行为的不法性。因此,对非法证据非法性的讨论自然应转化为取证行为的非法性。对于行为的非法性问题,实定法上,法律往往很少明确规定哪些取证行为可以视为非法行为。而在理论上,基于不同的视角和维度,可以对非法行为作出不同的界定。

基于分析法学中的法律命令说,法律规范是判断非法行为的唯一标准,即一个行为合法与否,主要取决于其与法律规则是否相一致,非法行为是违反法律规范或者法律义务的行为。基于这一标准,狭义的非法证据的非法性既可以是指违反实体法律规范的行为,亦可以是指违反程序性规范的行为;既可以是违反命令性规范、禁止性规范的行为,亦可以是违反许可性(或授权性)规范的行为。

与以法律命令说为基础界定的定义不同,纯粹法学认为一个单纯违反法律规范的行为并不足以认定为非法行为。只有通过法律规范与制裁相联系时,才可以被视为非法行为。在纯粹法学理论中,制裁是构成非法行为的一个充分且必要的条件。

无论是法律命令说抑或制裁论,二者对非法性的理解都有一个共通之处——以实在的法律规范为前提与基础,唯一不同之处在于相较于前者,制裁论进一步缩小了非法性的范围,将非法的行为严格限定于作为法律后果的制裁所针对的行为。

第二章　证据可采性的传统理论与非法证据

第一节　概述:关于证据的可采性

通过上一章对证据概念的讨论,可以发现,在哲学意义的层面,证据是帮助人们认知其他事物的一种工具与手段。证据的价值在于证明。而在法律的视野中,证据虽然包含了哲学意义上证据的功能与作用,但是碍于司法活动的不同价值追求与目标,它又不完全等同于哲学意义上的证据。在法律语境之下,哲学意义上的证据并非都能成为法律上的证据。论及哲学意义上证据与法律意义上证据之区别,就不得不提到可采性概念。

证据的可采性,亦称证据资格或证据适格,一般指证据用于证明案件待证事实必须为法律所许可的资格。[①] 英国著名证据法学家威格摩尔曾指出,可采性是一个介于证明价值与证明力之间的概念,它意味着某个特定的事实与待证事实是相关的,并且也符合法律的其他规定;但是它绝非表明该事实已经充分证明或证实了待证事实,它仅仅表明可以为法庭接受用以和其他

① 参见张卫平主编:《外国民事证据制度研究》,清华大学出版社 2003 年版,第 566 页。

证据一起权衡其证明力。[①]

第二节 普通法系的证据可采性理论

一、吉尔伯特:最佳证据理论

一般认为,普通法系现代意义上的证据法是伴随着陪审制度的发展而产生的。根据威格摩尔的考证,普通法系的证据法最早可以追溯至十六七世纪,[②]但在18世纪晚期之前,有关证据法的规范既抽象笼统,又散乱无章。[③] 英国法官、著名法学家吉尔伯特是普通法系第一个将散见于司法判例中的各种证据规则系统归纳之人,故而也通常被誉为普通法系证据法学的开山鼻祖。

18世纪初期,吉尔伯特个人关于证据法的专著——《证据法》(*The Law of Evidence*)付梓。1754年,该著作出版问世,后来这本专著也成为18世纪最有影响力的一本证据法著作。在这部专著中,吉尔伯特将证据划归为书面证据和非书面证据,[④]并花了大量笔墨重点对书面证据进行了探讨,进而提出了后世众所周知的"最佳证据"理论。在著作的开篇,吉尔伯特就开宗明义指出与证据相关联的第一个同时也是最重要的一个规则——必须要有与事实相符的最佳证据规则;法律的设计就是要朝向达到刚性的确定性,没有与事实相符的最佳证据也没有该事实的确定性。[⑤] 根据吉尔伯特的最佳证据理论,对于待证事实,只

---

① See Wigmore, John Henry, *A Treatise on the System of Evidence in Trials at Common Law: Including the Statutes and Judicial Decisions of All Jurisdictions of the United States, England and Canada Vol.* 1 Toronto, Canada Law Book, 1905, p. 38.

② See Langbein, John H., *Historical Foundations of the Law of Evidence: A View from the Ryder Sources*, Columbia Law Review, Vol. 96:5, p. 1168 - 1202(1996).

③ 参见[英]威廉·特文宁:《证据理论:边沁与威格摩尔》,吴洪淇、杜国栋译,中国人民大学出版社2015年版,第1~2页;William Twining, *Rethinking Evidence*, Cambridge University Press, 2006, p. 37; Geoffrey Gilbert, *The Law of Evidence*, Dublin, 1756, p. 121.

④ See Geoffrey Gilbert, *The Law of Evidence*, London, Henry Lintot, 1756, p. 5.

⑤ See Geoffrey Gilbert, *The Law of Evidence*, London, Henry Lintot, 1756, p. 3 - 4.

能采用找寻得到的最令人信服和最有说服力的最佳证据予以证明。[①] 根据他依照盖然性程度对不同种类证据的划分等级，这种最佳的证据非书面证据莫属。英国法学家特文宁（Twining）曾指出，吉尔伯特试图将所有的证据规则都划归为单一的原则，即最佳证据规则。[②] 在书面证据中，吉尔伯特不仅按证明力大小将可能有的不同种类的书面证据进行划分，并且还表明了哪些情况下要求提交原始文件，哪些情况下只需提交复印件。

除此以外，吉尔伯特还对言词证据中证人资格以及证据的充分性问题尤为关注。在他看来，不具有辨识能力以及不诚实之人的作证资格都应当予以排除。[③] 为此，他列举了若干应予以排除证人资格的情形，如与讼争事项有利害关系之人，夫妻不得相互作证，当事人的律师，曾因某些罪行对其品格有污点之人，异教徒、被开除教籍之人以及未满 14 周岁的儿童等。[④] 此外，基于对言辞证据中宣誓的重视，吉尔伯特也赞同传闻证据不具有可采性，理由在于首次作出陈述之人未能到庭宣誓。[⑤]

二、边沁：证据不排除理论

边沁是英国著名的哲学家、法学家，也是赫赫有名的功利主义理论的代表人物，但事实上，除了政治哲学及法哲学方面的诸多成绩与贡献，边沁在法学的其他领域还有不少鲜为人知的著述，这其中包括 19 世纪初问世的两部证据法著作——《司法证据专论》（*A Treatise on Judicial Evidence*）以及《司法证据原理》（*Rationale of Judicial Evidence*）。其中，后者是一部鸿篇巨制，因为该部专著长达 10 卷，有 2000 多页。在这部著作中，边沁以功利主义为理论依据对司法证据的诸多论题进行了深入细致的讨论。

---

① 参见吴丹红：《证据法学的启蒙——吉尔伯特的证据法思想》，载《证据科学》2007 年第 15 卷。

② 参见［英］威廉·特文宁：《证据理论：边沁与威格摩尔》，吴洪淇、杜国栋译，中国人民大学出版社 2015 年版，第 2 页；William Twinning, *Rethinking Evidence*, Cambridge University Press, 2006, p. 37.

③ See Geoffrey Gilbert, *The Law of Evidence*, Dublin, 1756, p. 121.

④ See Geoffrey Gilbert, *The Law of Evidence*, Dublin, 1756, p. 122 – 139, 142 – 147.

⑤ See Geoffrey Gilbert, *The Law of Evidence*, Dublin, 1756, p. 152.

在边沁的法律研究当中,他将法律划分为实体法和程序法两大类,并认为实体法的终极目标是实现大多数人的幸福;而包括证据法在内的程序法旨在保障实体法得到充分的贯彻与执行。① 在《司法证据原理》一书中,边沁进一步指出,司法程序的目的包括直接目的和附属目的,其中直接目的在于确保判决的准确性,即将实体法正确地适用于真实的事实,附属目的则是避免程序中出现过度的迟延、烦扰以及费用。② 直接目的与附属目的之间的冲突可以通过功利原则来解决。③ 边沁认为,就判决而言,通常涉及两个方面的问题,一个是法律的适用,另一个是事实的查明。当事人主张的法律权利能否得到支持,取决于案件基本事实,而法官在审查案件事实时,往往需要借助证据才能发现事实真相,证据是法官认定事实的基础和依据。虽然证据在司法裁判中占据着举足轻重的地位,但在18世纪时期,英国的法律制度中充斥着各种证据排除规则,并将其作为避免欺骗与预防错误裁判的一项措施。鉴于此,边沁在著作中也花了大量的笔墨与篇幅对证据排除的问题予以阐述。在这一论题下,边沁关注的问题主要有两个:第一,证据是否可以被排除?第二,假如证据可以被排除,那么证据被排除的正当情形及理由为何?

在边沁看来,证据排除的类型可以分为两种:积极的排除(positive mode)和消极的排除(negative mode)。④ 在积极的排除中,法律或法官明确证据不具有可采性;消极的排除则是就获取证据的必要手段而言,无论法官主观上是故意还是疏忽大意,只要未能积极采取必要的手段取得证据,该证据在效果上就等同于被排除。边沁认为,当某种必需的取证手段或措施不具有强制性时,很容易引起消极的证据排除。

---

① See Jeremy Bentham, *The Works of Jeremy Bentham*, *vol.* 7, William Tait, 1843, p. 335.

② See William Twining, *Theories of Evidence*: *Bentham and Wigmore*, Weidenfeld & Nicolson, 1985, p. 27.

③ See William Twining, *Theories of Evidence*: *Bentham and Wigmore*, Weidenfeld & Nicolson, 1985, p. 27.

④ See Jeremy Bentham, *The Works of Jeremy Bentham*, *vol.* 6, William Tait, 1843, p. 86.

(一)证据排除的危害

证据是公正的基石,排除证据等同于排除公正。① 边沁认为,不管证据排除在整体上是否有利于司法公正,但有一点是确定无疑的,即证据排除具有一定的危害性,排除所有的证据意味着排除一切公正。在他看来,证据排除造成的危害性的大小取决于三个因素:第一,就案件争议的事实而言,当事人提供的证据是否具有唯一性;第二,当事人的性质,即被排除证据的一方是原告还是被告;第三,案件的性质,即案件是刑事案件还是非刑事案件。② 在边沁看来,排除证据造成的危害性质与上述三个因素密切相关。上述每个因素不同,适用证据排除规则导致的危害结果性质也不同。如在民事案件中,原告唯一的证据被排除,后果则是允许人们可以随意侵犯他人的合法权益;当被排除的证据是被告唯一的证据时,则会导致被告承担不合理的、过重的责任与义务。③ 同时,边沁也指出,与被排除的证据是当事人唯一的证据的情形相比,当被排除的证据不是当事人唯一的证据时,排除证据导致的危害要小的多,危害程度也更轻。

总而言之,边沁认为证据排除事实上增加了人们进行各种违法犯罪活动的可能性。④ 从程序拖延、烦扰以及成本的角度而言,他认为排除证据可以避免的危害远远多于采纳该证据审判所造成的危害后果;但就证据会误导法官作出错误裁决而言,边沁认为期冀通过排除证据来避免误判是不合理的,原因在于证据被排除后,法官更可能因为证据不足而作出错误的裁决。⑤

(二)证据排除的正当性

虽然边沁认为证据排除存在诸多危害与弊端,但他也认为,从司法的附属目的来看,证据排除在某些情况下具有一定的正当性与合理性。但与此同时,

---

① See Jeremy Bentham, *The Works of Jeremy Bentham*, *vol.* 7, William Tait, 1843, p. 338.

② See Jeremy Bentham, *The Works of Jeremy Bentham*, *vol.* 6, William Tait, 1843, p. 86, 338 – 340.

③ See Jeremy Bentham, *The Works of Jeremy Bentham*, *vol.* 6, William Tait, 1843, p. 87.

④ See Jeremy Bentham, *The Works of Jeremy Bentham*, *vol.* 6, William Tait, 1843, p. 87.

⑤ See Jeremy Bentham, *The Works of Jeremy Bentham*, *vol.* 6, William Tait, 1843, p. 87.

边沁也强调这种合理性并不在于证据排除本身可以实现司法目的，而是因为通过证据排除可以避免一些更大的恶：证据排除本身是邪恶的，但它可以排除一些更大邪恶——避免没有必要的拖延、烦扰、成本，是实现司法附属目的的必要措施。基于功利主义理论，边沁指出采纳证据时应当遵循几个原则[①]：第一，排除一种恶的同时不会产生更大的恶；第二，追求某种善的同时不会排除更大的善；第三，追求善的同时不会产生任何有影响力的恶；第四，避免恶的同时没有排除另外一种重要的善。从上述原则出发，边沁提出，只有当排除证据避免的恶在数量上远远超出采纳同一个证据所产生的恶时，才能说证据排除规则整体上有助于实现司法的目的。[②]

（三）证据排除的正当情形

既然证据排除在理论上并非绝对缺乏正当性，那么具体而言，证据排除在哪些情形中存在适用的空间？对于这一问题，边沁在《司法证据原理》中以大量的篇幅进行了详细的论述。根据边沁对上述问题的回答，可以将证据的排除归纳为两种：一是绝对排除的情形；二是相对排除的情形。

1. 绝对排除——不相关（irrelevancy）与多余（superfluity）

所谓绝对排除情形，在边沁看来就是证据排除绝对正当、合理的情形，具体包括：不相关以及多余[③]。边沁认为，这类证据应予以排除的正当性在于，缺乏相关性的证据及多余的证据存在诸多危害与邪恶，并且与司法的目的相违背。[④]按照边沁的观点，相关性是一个关系概念，任何一个事实不能与自身具有相关性，只可能是一个事实与另一个事实具有相关性；相关性在事实查明过程中扮演着非常重要的角色，诉讼过程中，当一个事实与待证事实之间具有相关性时，

---

① See Jeremy Bentham, *The Works of Jeremy Bentham*, *vol.* 6, William Tait, 1843, p. 88 – 89.

② See Jeremy Bentham, *The Works of Jeremy Bentham*, *vol.* 6, William Tait, 1843, p. 88 – 89.

③ 所谓不相关，是指当事人提供的证据事实上不具有证据的性质与特征，与待证事实不具有关联性；多余则是指不能产生证据效力的证据。在边沁看来，有相关性的证据也有可能是多余的，但不相关的证据一定是多余的证据，因此，广义的多余证据包含不相关的证据。See Jeremy Bentham, *The Works of Jeremy Bentham*, *vol.* 6, William Tait, 1843, p. 89.

④ See Jeremy Bentham, *The Works of Jeremy Bentham*, *vol.* 7, William Tait, 1843, p. 362 – 366.

该事实则可能被作为用以证明待证事实的证据。① 因此，在边沁看来，相关性是司法证据一个重要的属性，缺乏相关性的证据会给法官和当事人，尤其是有理的一方当事人带来程序上的迟延、烦扰、成本等问题。除此以外，不相关的证据还会给法官造成混乱与不确定性等困扰，甚至还会产生欺骗，误导法官作出错误的判决。同样地，多余的证据也会带来拖延、烦扰、成本等问题，但是与不相关的证据相比，边沁认为单纯的证据多余一般不会给法官造成混乱进而引起各种拖延，也不会误导法官误判。但边沁也指出，一般而言，除了传闻证据，基本上很少存在证据多余的情况。

此外，出于保护宗教信仰与公共利益的考虑，边沁还提出了神父以及政府公职人员应享有免证权。②

2. 相对排除——拖延(delay)、烦扰(vexation)或费用(expense)

相对排除与绝对排除相反，按照边沁的观点，是指证据排除与否需在个案中根据功利主义标准具体予以考量。在边沁看来，相对排除中合理的考量情形具体表现为采纳某一个证据进行裁判是否会在程序上造成过度的拖延、烦扰或费用。③ 边沁认为，就司法的附属目的而言，证据排除能够使司法程序避免许多无益的拖延、烦扰和费用，从而整体上有助于实现司法的目的。因此，除了证据不具有相关性和证据多余，过度拖延、烦扰和费用亦可以构成证据排除的正当理由。当证据具有相关性抑或并非多余时，裁判者还要按照功利主义的标准，对该证据从程序的拖延、烦扰、费用等方面进行审查，进而决定是否需要排除该证据。

(四)对若干证据排除规则的批判

1. 对旨在避免欺骗的排除规则的批判

18 世纪时期，普通法证据法学主流的观点认为，司法的目的在于追求公正

---

① See Jeremy Bentham, *The Works of Jeremy Bentham*, *vol.* 7, William Tait, 1843, p. 208.

② See Jeremy Bentham, *The Works of Jeremy Bentham*, *vol.* 6, William Tait, 1843, p. 98; Jeremy Bentham, *The Works of Jeremy Bentham*, *vol.* 7, William Tait, 1843, p. 366 – 368; Jeremy Bentham, *Treatise on Judicial Evidence*, J. W. Paget, 1825, p. 236.

③ See Jeremy Bentham, *The Works of Jeremy Bentham*, *vol.* 6, William Tait, 1843, p. 90 – 102; Jeremy Bentham, *The Works of Jeremy Bentham*, *vol.* 7, William Tait, 1843, p. 345 – 362.

准确的裁决。不准确、不完整以及虚假的证据提供的信息具有欺骗性，误导法官作出错误的裁判。因此，证据排除普遍被作为一项预防、避免欺骗和错误裁判的保障措施。边沁对此持否定的态度，认为避免欺骗并不能构成排除证据的合理理由，并且再三强调证据排除并非预防错误裁判的有效措施。他指出，对于待证事实而言，证据无非就是必要的和非必要的两种。当证据是必要的时，证据排除毫无疑问必然会导致误判；而当证据属于非必要的情况时，证据排除并不必然会引起误判，但在这种情况下，被排除证据的一方可能还有其他足以支持其主张的证据，因此，法官最终还是会作出有利于被排除证据一方的裁判，这种情况下，就结果来看，证据排除并无任何实际意义。[①] 在此基础上，边沁针对英国司法实践中若干旨在避免欺骗的证据排除规则展开了批判。就证人因作证能力被拒绝作证问题，在他看来，智力上存在问题的个人未必不能充当证人。证人智力存在问题无非涉及证人精神紊乱、未成年或是老年三种情况。这三类证人证言的可信度取决于证人的整体精神状况。[②] 至于以利害关系为由排除证据，他认为，证人与案件有利害关系并不必然导致证人提供伪证。所有的证据都源自人类，证据本身就与人类的各种利益相关，世上根本不存在不受任何利益影响的证据。如果以利害关系为由排除证据，那么所有的证据都应当被排除。[③] 边沁不否认当事人可能因利害关系而提供不完整、不准确甚至虚假的证据（如证人提供虚假证言），但他也指出法官并非机器，法官在作出裁判之前可以通过证据审查程序查明虚假的证明，因此，虚假的证据不必然会引起欺骗并误导法官作出错误的裁判。与此同时，边沁还特别强调，虚假的证据不仅不必然会引起误判，相反，某种意义上，虚假的证据还是不法、犯罪行为的间接证据，通过虚假的证据，法官有可能更容易发现事实的真相，从而作出正确的裁判。[④] 总之，在边沁看来，司法中采用有利害关系的证据并不是一个鲁莽的尝

---

① See Jeremy Bentham, *The Works of Jeremy Bentham*, *vol.* 7, William Tait, 1843, p. 386 – 387.

② See Jeremy Bentham, *The Works of Jeremy Bentham*, *vol.* 6, William Tait, 1843, p. 105.

③ See Jeremy Bentham, *The Works of Jeremy Bentham*, *vol.* 7, William Tait, 1843, p. 393 – 400.

④ See Jeremy Bentham, *The Works of Jeremy Bentham*, *vol.* 7, William Tait, 1843, p. 389.

试,而是自人类社会生活以来一直在进行的实践,并且事实证明也是成功可行的。①

2. 对律师及当事人配偶免证权的批判

律师免证特权是普通法中一项古老的证据规则,其核心内容为诉讼案件中,律师不得被要求作证披露其与委托人交流时获知的信息(包括不利于委托人的信息)。这一规则最初是为了维护律师的誓言和尊严而确立的,后来随着司法制度的不断发展,有意见认为这一规则旨在维护律师与委托人之间的信任关系,有助于在对抗制的诉讼模式下,保证司法的整体正义。② 边沁对该证据规则持否定的态度,并从功利主义的标准出发主张律师可以被要求作证。在他看来,律师作证并不会产生实质性的恶。因为从结果来看,律师作证无非是使当事人遭受其应受的处罚,或是承担本应由其承担的义务或是赔偿责任③。边沁在对律师豁免作证进行批判时指出,若委托人是清白无辜的,豁免律师作证对于当事人而言没有太大意义,但假如委托人确实存在违法犯罪的行为,豁免律师作证对于委托人而言意义非同寻常。在任何的犯罪中,当被告人拥有律师作为代理人时,无异于在犯罪后有了一个专业的帮凶帮助他逃脱法律的制裁与惩罚④。由此不难看出,在边沁看来,豁免律师作证不仅没有任何益处,反而还会帮助犯罪分子逃脱法律制裁。总而言之,边沁认为,律师与委托人之间的关系仅仅是一种合同关系,为了社会的利益,诚实的约定应该得到遵守,而不诚实、有害的约定可以被违反。⑤

除了律师的免证权,边沁还对英国当时的另外一个免证权——配偶免证权进行了强烈的批判。⑥ 在边沁的时代,一方面出于对证人可能会因为与当事人

① See Jeremy Bentham, *The Works of Jeremy Bentham*, *vol.* 6, William Tait, 1843, p. 106.

② 参见齐树洁、黄斌:《英国证据法中的律师特权规则及其借鉴意义》,载《法学论坛》2002 年第 5 期。

③ See Jeremy Bentham, *The Works of Jeremy Bentham*, *vol.* 6, William Tait, 1843, p. 99.

④ See Jeremy Bentham, *The Works of Jeremy Bentham*, *vol.* 6, William Tait, 1843, p. 100.

⑤ 参见[英]威廉·特文宁:《证据理论:边沁与威格摩尔》,吴洪淇、杜国栋译,中国人民大学出版社 2015 年版,第 154 ~ 155 页。

⑥ See Jeremy Bentham, *The Works of Jeremy Bentham*, *vol.* 7, William Tait, 1843, p. 480 – 486.

之间的婚姻关系提供虚假证言的担忧与恐惧；另一方面基于维护婚姻家庭关系和谐稳定的考虑，普通法中规定了婚姻免证权规则，即当事人的配偶在诉讼中享有作证豁免权，不得强迫当事人的配偶披露婚姻关系期间相互交流的信息。但在边沁看来，任何一个人都存在作伪证的动机与可能性，避免虚假证言并不足以证立婚姻免证权。相反，婚姻免证权使当事人的配偶无法揭发该当事人的违法行为，这等同于法律默许任何人可以在其配偶的帮助下毫无负担、肆无忌惮地进行各种违法活动。为表达他对这一规则的反感，边沁甚至毫不客气地形容婚姻免证权将“对于每个人而言是城堡的家变成了贼窝”[①]。

3. 对排除传闻证据的批判

18 世纪时期，基于传闻证据的陈述人未能到庭宣誓及接受交叉询问，真实可靠性缺乏保障的认识，普通法对传闻证据基本上采取绝对排除的态度。[②] 正如吉尔伯特所言，传闻证据不是证据；然而，边沁在《司法证据原理》一书中对这项排除规则提出了质疑与挑战。边沁认可传闻证据由于陈述人未能到场接受交叉询问而难以保障其准确性、完整性，甚至承认传闻证据可能存在欺骗性，但他同时认为，绝对排除传闻证据将会排除掉一些对正确裁判有用的信息。在他看来，缺乏证据对错误裁判造成的影响与危害远远大于传闻证据本身可能因具有虚假性、欺骗性而引起的错误裁判所造成的危害，原因在于后者造成的危害可以通过立法指引等若干措施予以预防或通过重审等程序予以纠正。[③] 基于此，边沁不赞成对传闻证据绝对地排除，并在《司法证据原理》中提出了传闻证据排除规则的若干例外情形，认为如当案外陈述人因死亡、精神状况问题等各种客观原因无法到庭作证时，法庭应当允许使用传闻证据。[④]

---

① Jeremy Bentham, *The Works of Jeremy Bentham*, *vol.* 7, William Tait, 1843, p. 484.

② See George F. James, *Role of Hearsay in a Rational Scheme of Evidence*, Illinois Law Review, Vol. 34, p. 788 – 801 (1940).

③ See James H. Chadbourn, *Bentham and the Hearsay Rule—A Benthamic View of Rule* 63 (4) (*c*) *of the Uniform Rules of Evidence*, Harvard Law Review, Vol. 75; 5, p. 932 – 951 (1962); Jeremy Bentham, *The Works of Jeremy Bentham*, *vol.* 6, William Tait, 1843, p. 89 – 90.

④ See Jeremy Bentham, *The Works of Jeremy Bentham*, *vol.* 7, William Tait, 1843, p. 122 – 126.

三、塞耶:逻辑相关性理论

1874年,塞耶被任命为哈佛大学法学院的教授,在此后28年的学术生涯中,塞耶在证据法和宪法领域都建树颇丰。其中,最为显著的成果就是19世纪末,他撰写了赫赫有名的证据法专著——《普通法证据初论》(*A Preliminary Treatise on Evidence at the Common Law*)。在这部专著中,他详细介绍了陪审制度的起源及发展,表明英国的证据排除规则是陪审制度发展的产物。他的这一主张后来得到他的学生威格摩尔的支持,但也遭到一些学者(如摩根)的质疑。与此前的证据法学者不同,塞耶主张厘清属于证据法的原则,并将一些本质上不属于证据法范围的规则剔除出去,从而缩小证据法的范畴。例如,在他看来,关于推定以及举证责任的规则都不属于证据法的范畴;作为排除证据最常见的两个理由,实质性是实体法问题,相关性则是属于逻辑的问题,不是法律的问题。基于此,他对传统普通法证据规则的多样性和严谨性以及例外规则进行了批判,他认为这些规则剥夺了法院的司法自由裁量权,从而使法院在裁判时丧失了决定接纳或排除证据的灵活性和创造性。因此,在塞耶看来,应该赋予法官自由裁量权——根据个案来决定采纳或排除相关证据。①

鉴于对判例法以及对陪审制度起源的历史研究,塞耶尤其强调将证据法的范围局限于排除规则。② 在他看来,排除作用是证据法的一个显著特征。因此,在论述中,塞耶特别关注关于证据排除的一般原则。对此,他提出了两个至今在普通法证据法中仍然非常有影响力的主张:首先,证据排除的原则是一个禁止接收任何不相关的,在逻辑上不具有证明力的事物的原则。换言之,只有具有相关性且在逻辑上具有证明价值的事物才能被采用。其次,所有逻辑上具有

---

① See Eleanor Swift, *One Hundred Years of Evidence Law Reform: Thayer's Triumph*, California Law Review, Vol. 88:6, p. 2437 – 2476(2000).

② See Eleanor Swift, *One Hundred Years of Evidence Law Reform: Thayer's Triumph*, California Law Review, Vol. 88:6, p. 2437 – 2476(2000).

证明价值的事物，除非基于法律政策明确将其排除，否则都可以接受。[①] 这两个理论后来被威格摩尔誉为现代证据制度的公理。而在实在法上，塞耶的这一主张后来也为美国《联邦证据规则》所采纳，成为美国《联邦证据规则》第402条的理论来源。在塞耶看来，相关性是一个逻辑问题，而非法律问题。但是这并不意味着相关性不具有法律的维度，相关性的法律定义非常广泛。相关性被认为是一个逻辑的概念，非法律的概念，是指在回答相关性问题以及应用相关性定义时，法官必须要依据法律以外的资源，并且不受法律先例的约束。美国《联邦证据规则》第401条中规定"相关证据"指证据具有某种倾向，使决定某项在诉讼中待确认的争议事实的存在比没有该项证据时更有可能或更无可能。在判断某个证据是否具有这种倾向时，法官必须依靠法律以外的认知。塞耶在他的证据法专著中也多次提到，法律没有提供相关性的审查依据，而是预设了逻辑和一般经验。正如他所说，法律并不规范对相关性的评估，而是假定法官已经掌握了常识来进行判断、评估。

四、威格摩尔：法律相关性理论

（一）概述

19世纪中叶以后，美国证据法学开始萌芽、发展，[②]不少学者亦开始在英美证据法学的研究中崭露头角，其中不得不提及的一位就是威格摩尔。威格摩尔在哈佛大学求学时曾师从塞耶，因此不可避免地，其对证据法理论的研究很大程度上受到塞耶的影响。他的证据法专著——《普通法审判中的证据》(*Evidence in Trials At Common Law*)，曾被誉为英美证据法学的集大成之作。该著作出版后，曾受到不少同行的赞誉。就连一直以来在学术上对威格摩尔批判有加的美国证据法学者摩根也不吝表达对该著作的赞赏，认为这是有史以来

---

① See Thayer, James Bradley, *Preliminary Treatise on Evidence at the Common Law*, Boston, Little, Brown, and Co., 1898, p. 265.

② See William Twining, *Rethinking Evidence*, Cambridge University Press, 2006, p. 36 – 37.

最好的一部证据法著作，也是普通法系其他相仿学科的著作都无法与之相媲美的一部作品。[①] 在这部鸿篇巨著中，威格摩尔重点讨论了证据法的两个论题——可采性和相关性。

在著作第一卷“证据的可采性”中，开宗明义，威格摩尔直接就阐明了可采性的两个原理：(1)只有具有合理证明价值的事实才具有可采性；[②](2)除非有特殊规则的禁止，否则所有具有合理证明价值的事实都具有可采性；[③]并明确地将之归功于证据法历史的大师塞耶。在威格摩尔看来，上述两个原则是现代证据法的根基与核心。[④] 值得一提的是，虽然威格摩尔很大程度上继承了塞耶关于证据法的一般原理，其证据可采性理论在本质上与塞耶的主张是一致的，但是相对于他的导师，威格摩尔对这些问题的讨论却更为详细、范围更广。在他看来，现代证据法最重要的是确立一般自由裁量权——当证据的偏见影响超过了它的证明价值时，裁判者可以通过行使自由裁量权排除该证据，即使没有具体的规则规制这种排除。这一主张可以被看作塞耶的第二个原则的最好注解，而不是对它的抛弃。此外，威格摩尔将证据的可采性规则划分成三类：[⑤]第一类规则旨在衡量一个事实是否具有足够成为证据的证明价值，判断的标准通常与相关性有关。第二类规则则是针对一些特定事实设定的辅助性保障措施，旨在确保该类事实高于最低证明价值的要求，譬如宣誓规则、传闻规则等。第三类

① See Morgan, Edmund M., *A Treatise on the Anglo—American System of Evidence in Trials at Common Law, including the Statutes and Judicial Decisions of All Jurisdictions of the United States and Canada*, Boston University Law Review, Vol. 20:4, p. 776 – 793(1940).

② See John Henry Wigmore, *A Treatise on the System of Evidence in Trials at Common Law: Including the Statutes and Judicial Decisions of All Jurisdictions of the United States, England and Canada Vol* Ⅰ, Toronto, Canada Law Book, 1905, p. 31 – 34.

③ See John Henry Wigmore, *A Treatise on the System of Evidence in Trials at Common Law: Including the Statutes and Judicial Decisions of All Jurisdictions of the United States, England and Canada Vol* Ⅰ, Toronto, Canada Law Book, 1905, p. 34.

④ See John Henry Wigmore, *A Treatise on the System of Evidence in Trials at Common Law: Including the Statutes and Judicial Decisions of All Jurisdictions of the United States, England and Canada Vol* Ⅰ, Toronto, Canada Law Book, 1905, p. 31.

⑤ See John Henry Wigmore, *A Treatise on the System of Evidence in Trials at Common Law: Including the Statutes and Judicial Decisions of All Jurisdictions of the United States, England and Canada Vol* Ⅰ, Toronto, Canada Law Book, 1905, p. 37 – 38.

则是一些旨在排除特定证据的政策与规则。这些规则的设计是基于这些政策通常凌驾于查明事实真相的目标之上。这类规则所针对的证据通常具备证明价值,但是相较于帮助查明真相的价值,采用该证据会损害其他更为重要的价值。在这类情形中,避免某种损害的发生比查明案件真相更为重要。[①] 因此,一些事实虽然有证明价值,但仍应予以排除。

(二)"法律相关性"与"逻辑相关性"之争

在专著第一卷的第三章,威格摩尔以"相关性的一般理论"为题,对相关性问题进行了详细的论述。其中,他提出了一个不同于塞耶逻辑相关性的理论——法律相关性理论,继而也引起了一场关乎相关性本体的争论。威格摩尔认为,相关性审查一方面,旨在筛选那些值得提供在陪审团面前的材料,因此对其证据价值的要求性较高;另一方面,它对证明价值的要求又远远低于充分证据,因为法官只需根据相关性赋予材料具有可采性,而证据的证明力、说服力则由陪审团决定。[②] 为支持其主张,威格摩尔提出了两个论据:首先,法律意义上具有相关性的证据,要求比进行一般性推理的证据具有更高的证明价值。换言之,每个证据都必须具有附加价值。[③] 其次,当法官必须就一项拟定证据的相关性作出裁决时,他必须受先前相关司法判例的约束[④]。

对于相关性的属性问题,正如前面所述,在塞耶看来,相关性是一个逻辑问题,而非法律问题。对此,塞耶在 1889 年刊登于《哈佛法律评论》的《推定与证

---

① See John Henry Wigmore, *A Treatise on the System of Evidence in Trials at Common Law: Including the Statutes and Judicial Decisions of All Jurisdictions of the United States, England and Canada Vol* Ⅰ, Toronto, Canada Law Book, 1905, p. 37 – 38.

② See John Henry Wigmore, *A Treatise on the System of Evidence in Trials at Common Law: Including the Statutes and Judicial Decisions of All Jurisdictions of the United States, England and Canada Vol* Ⅰ, Toronto, Canada Law Book, 1905, p. 93.

③ See John Henry Wigmore, *A Treatise on the System of Evidence in Trials at Common Law: Including the Statutes and Judicial Decisions of All Jurisdictions of the United States, England and Canada Vol* Ⅰ, Toronto, Canada Law Book, 1905, p. 91.

④ See John Henry Wigmore, *Evidence in Trials at Common Law, vol.* 1, P. Tillers (ed.), Boston: Little, Brown and Co., 1983, p. 691.

据法》一文中曾特别指出，我们并不是根据法律的规定来认定事物是否具有相关性。法律也并没有创设任何审查相关性的规定。因此，这就意味着法律默认了相关性是逻辑上的相关性，并且预设了裁判者都知悉推理的原则。可采性首先取决于相关性——这是一个逻辑问题而非法律问题。[①] 对于塞耶的这一主张，威格摩尔提出了不一样的看法。在他看来，相关性是法律问题，强调相关性在法律论述上的独特性。他指出，司法实践中，存在不少纯粹处理事实证明价值问题的裁判。不可否认，法官在审查判断某一事实是否具有相关性时的逻辑无异于日常辩论的逻辑，但是法官在根据逻辑经验审查完毕后作出的裁判则会成为法律先例，因而成为法律，对后来的裁判者具有约束力。法律旨在体现正义，因此相关性规则也必须要遵守自然逻辑。只要裁判者在司法裁判中阐述了他们的逻辑，就必然存在必须遵守的法律规则。[②] 由此可见，在威格摩尔看来，相关性虽然始于逻辑，但却是终于法律。

从威格摩尔和塞耶的这场争论中可以看出，逻辑相关性和法律相关性之间存在内在的矛盾与冲突：法律相关性认为每个证据都有一个法定的最低限度的证明价值，并且这个证明价值是根据先例来确定的；而在逻辑相关性的理念中，凡是逻辑上与待证事实相关的都具有可采性，无论其证明价值大小如何，且唯有基于政策的考虑才能予以排除。

借助逻辑规则可以发现已知事实与待证事实之间是否存在相关性，一个已知事实与待证事实之间具有多大的相关性取决于该事实的证明价值。相关性的距离程度与相关性之间是不同的。法官通过归纳推理的方法来确定证据与待证事实之间是否具有相关性，通过演绎推理的方法来评估证据证明价值的大

---

① See John Henry Wigmore, *A Treatise on the System of Evidence in Trials at Common Law: Including the Statutes and Judicial Decisions of All Jurisdictions of the United States, England and Canada Vol* Ⅰ, Toronto, Canada Law Book, 1905, p. 44.

② See John Henry Wigmore, *A Treatise on the System of Evidence in Trials at Common Law: Including the Statutes and Judicial Decisions of All Jurisdictions of the United States, England and Canada Vol* Ⅰ, Toronto, Canada Law Book, 1905, p. 40.

小。[①] 相关性是已知事实与待证事实之间的关系,是否存在这种关系取决于人类关于已知事实和待证明命题的经验和理由。显而易见,相关性是一个与逻辑和经验密切相关的问题,基于此,也不难理解为何后来不少证据法学者质疑"法律相关性"这一概念。法律可能会排除一些与待证事实相关的事实证据,但是出于司法政策的原因,而非相关性。虽然威格摩尔关于通过案件分类的方法来确定构成证据具有法律相关性所必需价值的观点在理论上有一定的影响力,但事实证明,塞耶关于除非基于司法政策原因的排除,否则逻辑上具有相关性的证据都具有可采性的观点更容易为司法实践所接受,并被视为是解决证据可采性问题的一个行之有效的方法。在这种方法下,司法政策成为在所有司法审判中排除一个逻辑上具有相关性证据的唯一依据,法官无须再根据法律(先例)针对不同证据预设的最低限度的证明价值进行衡量与判断。

五、小结

从前述若干证据法学家的代表性理论中可以看出,在普通法证据法学的传统理论中,无论是吉尔伯特的最佳证据规则,还是边沁的证据不排除理论,抑或后来塞耶、威格摩尔的相关性理论,在证据的可采性问题上,这些主张都有一个共性,即核心目的都是确保裁判的准确性与公正性。最佳证据以及相关性是从积极的角度去探讨证据的可采性标准,确保证据尽可能真实、可靠,并且与诉争事项有关联;排除规则则是从消极的角度明确哪些证据在诉讼中不具有可采性。在诸多排除规则中,除了某些证人资格的排除(作证豁免的情形,如律师、牧师、夫妻等)是基于维护特定社会关系秩序的目的,其他大部分的排除规则,如品格证据排除、传闻证据排除、排除未成年作证资格等基本也是为了避免将不可靠、可信度低、可能会引起混乱的证据呈现给陪审团,以免误导他们作出错误的裁决。

---

① See Herman L. Trautman, *Logical or Legal Relevancy—A Conflict in Theory*, Vanderbilt Law Review, Vol. 5:3, p. 385 - 413(1952).

在普通法的证据法学理论中,相关性是一个与司法证据可采性有密切关系的概念,或者说,相关性是证据之所以为证据的一个重要属性。虽然边沁、塞耶、威格摩尔等人在证据理论上的侧重点和主张均有所不同,但是从他们各自关于证据可采性和相关性关系的论述可以看出,在证据可采性和相关性关系问题上,它们的逻辑却是一致的:可采性与相关性之间并非一个等同的关系;相反,相关性只是证据具有可采性的一个必要条件,但不是充分条件。正如塞耶所言,当我们谈到凡是不具有逻辑证明性的事实均不具有可采性,除非有例外或限制性规定,否则逻辑上具有证明性的事实都具有可采性时,指的是可采性的审查而不是逻辑相关性,逻辑相关性仅仅是可采性的审查内容之一。[①] 证据的可采性首先取决于相关性,再者则是取决于证据法是否规定将逻辑上具有证明价值的一些事实予以排除。[②]

与此同时,相关性是可采性的必要非充分条件,这也意味着,如果一项证据在诉讼中具有可采性,仅仅具有相关性是不足够的。除了相关性,还需要满足其他法律条件,其中最重要的一个条件就是该证据亦不属于法律禁止使用的范围。出于对一些特殊利益或者政策的考虑,有些证据即使与案件争议的事实有关,但法律也不允许在法庭中使用,这些为法律禁止使用的证据就是通常意义上所指的不具有可采性的证据,不允许当事人在诉讼中出示,即使出示,法官亦有权将其排除,不得将其作为裁判的根据。依照塞耶、威格摩尔等人的逻辑,与争议事实不具有相关性的证据,必然是不具有可采性的证据。对于法官而言,这意味在审判过程中有权拒绝接受此类证据,但除此以外,法官还有权基于其他原因排除证据。

---

① See James B. Thayer, *Presumptions and the Law of Evidence*, Harvard Law Review, Vol. 3:4, p. 141 – 166(1889).

② See James B. Thayer, *Presumptions and the Law of Evidence*, Harvard Law Review, Vol. 3:4, p. 141 – 166(1889).

第三节　大陆法系的证据能力理论

证据制度的形成、发展演变与审判模式以及诉讼制度的发展变化有着密切的关系。从社会发展史的角度来看，无论是实行普通法系的英国，抑或隶属大陆法系的欧洲大陆其他国家，早期都曾经历过神明裁判和神示证据的时期与阶段，但是神明裁判退出历史舞台后，欧洲大部分国家和英国的诉讼制度开始分道扬镳，走向了不同的发展方向。与之相对应的是，这些国家的证据制度也呈现不同的发展轨迹。以法国、德国为代表的欧洲大陆国家形成了以法官查证职能为中心的“纠问式”诉讼制度，英国则是在长期的诉讼发展中逐渐演化为以当事人为主且有陪审团参与审判的“抗辩式”诉讼制度。[①] 在纠问式的诉讼模式中，法官肩负着积极主动推进诉讼进程和调查证据的职责，因此，法律在证据的收集和采纳问题上通常没有设立太多的限制，但为了规范法官的裁判活动，法律会预设各种证据的证明效力。而在英国，为适应当事人主义抗辩式诉讼模式和陪审团审判的需要，在审判中则逐渐形成了大量关于证据采纳问题的证据规则。

如上所述，与普通法系国家不同，大陆法系国家诉讼中不存在陪审制度的传统，因此，证据制度的形成与证据规则的构成总体上与普通法系国家存在较大差异。受到罗马法中程序法与实体法不分、诸法合一的影响，大陆法系国家普遍没有单一的证据法，所谓的证据法规则大多散见于实体法和诉讼法当中。在理论上，在论及哪些事实具有资格作为证据可以在诉讼中使用时，普通法系国家使用的是可采性概念，但是在大陆法系，则通常使用的是证据能力这一概念。

证据能力通常指的是证据的适格性，也被称为“证据资格”，大陆法系学理

---

① 参见何家弘主编：《外国证据法》，法律出版社2003年版，第25页。

上通常用于指涉证据在法律上所具有的法庭或诉讼准入资格。① 如日本学者将其界定为:某一有形物能够作为证据方法来使用的资质,或者是将一定证据资料用于事实认定时具备的资格。② 因此,证据能力是一项证据得以进入诉讼程序、用以证明待证事实的前提条件。没有证据能力的证据方法不能进行合法的证据调查,否则,即使错误地进行了证据调查,也不能作为认定事实的依据。③

在普通法系国家的陪审制度中,法官和陪审团都是案件的裁判者,都肩负着审判的职能。其中,陪审团是事实的认定者,但由于陪审团的成员大多是非法律专业人士,因此,与由法律专业人士主导的审判体制相比,陪审制度往往需要更多的保障措施,避免陪审员产生偏见抑或被误导作出不准确的判断。因此,大量涉及证据可采性的证据规则应运而生,用以确立在诉讼中可以作为证据使用的范围。④ 与普通法系国家的法官不同,在大陆法系国家的审判活动中,法官扮演着双重角色——既是事实认定者,又是法律的适用者。由于整个审判过程都是由具有专业知识和技能的法官来主导,诉讼中职权主义的色彩较浓,因此,在诉讼中,在证据的评判问题上,法律往往赋予法官较大的自由裁量权,证据制度中也不像普通法系国家那样存在大量涉及证据可采性的规则。较为典型的例子,在普通法系国家,原则上,传闻证据通常是不具有可采性的;但是在大陆法系国家,法律对传闻证据却没有这种硬性的规定,传闻证据具有可采性与否,传闻证据的证明力如何,均由法官根据个案情况自由裁量。此外,普通法系中的最佳证据规则、意见证据规则在大陆法系国家一般也不完全适用。

在神示证据制度消亡后,大陆法系国家的证据法律制度经历了法定证据和自由心证两个阶段。但无论是法定证据制度抑或自由心证时期,大陆法系国家法律上都极少对证据能力作出规定或限制,尤其是进入自由心证时期后,证据能力和证明力问题都成为法官自由心证的对象。原则上,凡可作为证据之资

---

① 参见陈瑞华:《关于证据法基本概念的一些思考》,载《中国刑事法杂志》2013 年第 3 期;何家弘:《证据的采纳和采信——从两个“证据规定”的语言问题说起》,载《法学研究》2011 年第 3 期。

② 参见[日]高桥宏志:《重点讲义民事诉讼法》,张卫平、许可译,法律出版社 2007 年版,第 27 页。

③ 参见[日]高桥宏志:《重点讲义民事诉讼法》,张卫平、许可译,法律出版社 2007 年版,第 27 页。

④ See Edmunde M. Morgan, *The Jury and the Exclusionary Rules of Evidence*, Chicago Law Review, Vol. 4;2, p. 247 – 258(1937).

料，理论上均具有证据能力，在诉讼中都具有可采性。如按照日本学界的通说，日本民事诉讼中除了若干的例外，原则上法律不对证据能力作出限制，一般而言证据都具有可采性，都可以成为法官自由心证的对象。虽然日本《民事诉讼法》第115条第1款第6项规定了禁止传闻证言，但日本的判例和通说坚持认可传闻证据也有证据能力。[①] 再如，德国的民事诉讼也主要奉行证据自由评估原则。除了少数法定的例外情况，证据是否具有可采性以及证据证明力的判断，均由法官依照自由心证原则自由裁量。[②] 虽然理论上，凡可作为证据之资料原则上皆有证据能力，在诉讼中都具有可采性，但既是原则，则必然存在例外。从司法实践的角度来看，证据能力是一个法律问题，并非所有具有证明价值的材料都具有证据能力。大陆法系国家的证据制度中虽然大多没有就证据能力作出具体的规定，将证据能力问题作为法官自由裁量的问题，但是法官自由裁量权的行使却绝非任意、没有任何限制的。因为如果完全由法官任意自由判断，难免会影响到法官心证的准确性与公正性。[③] 结合大陆法系国家的立法实践来看，法官对证据能力的裁量也受限于法律的规定与要求。这些规定与要求具体体现在以下几个方面：

第一，民事诉讼法的各种程序性规定。这些程序性规定主要体现在直接审理原则、辩论原则、举证时限等方面。1860年，拿破仑主持编纂了法国《民事诉讼法典》。虽然这部法典的光芒远不如法国《民法典》那般夺目，但是就民事诉讼领域而言，这部法典对法国甚至整个欧洲却意义非凡。凭借着内容上的先进性、优越性和形式上的完美性，该法典后来成为欧洲大陆国家普遍继受的对象。[④] 在内容上，该部法典展现了彻底的当事人主义，具体规定了公开审理、言

---

① 参见［日］高桥宏志：《重点讲义民事诉讼法》，张卫平、许可译，法律出版社2007年版，第41～44页。

② See Burkhard Bastuck & Burkard Gopfert, *Admission and Presentation of Evidence in Germany*, Loy. L. A. Int'l & Comp. L. Rev., Vol. 16:3, p. 609－627(1994).

③ 参见张榕：《事实认定中的法官自由裁量权》，载《法律科学》2009年第4期。

④ 参见何勤华等主编：《法国法律发达史》，台北，韦伯文化国际出版有限公司2004年版，第423～428页。

词辩论、自由心证等近代民事诉讼的基本原则，开创了近代民事诉讼法的先河。[①] 根据直接言辞审理原则，判决只能由直接参加法庭调查、听取法庭辩论的审判人员亲自作出。在庭审中，当事人以及法院的诉讼行为特别是质证、辩论、证据调查等程序，都要以言辞的形式进行。只有通过言辞辩论得以陈述和显示的内容，才能作为判决的依据，以限制法官依自由心证原则认定事实的基础资料，从而也就相应地排除了不能作为裁判基础的证据。[②] 此外，法国 1975 年在新《民事诉讼法典》中(第 16 条)还确立了对审原则，并将其作为诉讼的指导原则。对审原则贯穿诉讼活动的始终，法官在诉讼中的裁判活动受对审原则约束。对审原则强调当事人对诉讼程序的知情权和参与权，强调法官不得以在法庭辩论中未涉及的事实作为裁判依据。当事人援用或提出的理由、说明与文件，只有经各方当事人对席辩论，方可作为法官裁判的依据。[③] 具体到作为证据制度的专家鉴定制度中，对审原则要求法官要通知双方当事人参与鉴定过程，如果当事人没有参与，则鉴定结果不具有法律效力，一方当事人不能以该鉴定结论对抗对方当事人。未获通知的一方当事人，可以以该鉴定有瑕疵为由主张无效。[④]

第二，一项证据要具有证据能力，还必须符合法定的证据形式。大陆法系的立法一般将民事证据的类型法定化，并在民事诉讼法中针对每种法定证据类型规定不同的证据调查程序。如意大利 1942 年《民法典》第 2721 条规定，在契约案件中，对于标的价值超过 5000 里拉的契约不得采用证人证言。[⑤] 根据法国《民法典》的相关规定，如果不按照法律规定取得证人证言，则会导致证据无效。如在询问证人时，法官应当让证人准确报明其身份，如果证人坚持主张保持匿

---

① 参见何勤华等主编：《法国法律发达史》，台北，韦伯文化国际出版有限公司 2004 年版，第 424 页。

② 参见张榕：《事实认定中的法官自由裁量权》，载《法律科学》2009 年第 4 期。

③ 参见张卫平、陈刚编著：《法国民事诉讼法导论》，中国政法大学出版社 1997 年版，第 100 ~ 102 页。

④ 参见张卫平、陈刚编著：《法国民事诉讼法导论》，中国政法大学出版社 1997 年版，第 101 页。

⑤ 参见何勤华、李秀清主编：《意大利法律发达史》，法律出版社 2006 年版，第 390 页。

名，则该证人的证言无效。[①]

第三，证据排除规则。一项证据要具有证据能力，还必须不能属于法律规定的“证据禁止”之范围。如受法国的影响，意大利 1865 年以及 1942 年的《民事诉讼法典》都比较重视书面证据，但对人证却比较排斥；1865 年《民事诉讼法典》中有不少关于取消证人资格和不承认人证的规定。1942 年《民事诉讼法典》第 246 条至第 247 条中则对证人资格作出严格限制，规定拒绝采纳当事人、有利害关系的第三人以及当事人的配偶、亲属和姻亲所做的证人证言。[②]

第四节　本章小结

在对抗制的诉讼模式以及陪审团审判制度中，普通法系国家在判例中确立了大量的证据规则，为证据可采性的判断提供标准。从普通法系证据法学关于证据可采性的传统理论来看，无论是从正面确定证据证明价值的最佳证据规则、相关性规则，抑或作为反面存在的各种证据排除规则，其目的大多是确保进入诉讼的证据具有真实性、可靠性、相关性，从而有利于裁判者作出公正、准确的裁判，以及避免虚假、可信度低的证据或者可能会引起混乱的证据进入诉讼中，误导陪审团作出错误的裁决。作为英美证据法的核心概念，可采性既包含了相关性的要求，同时又受到各种证据排除规则的限制。其中，相关性是指证据对证明案件事实是否有证明作用的能力，与证据的证明价值或证明作用有密切的关系。但是，相关性不等同于可采性。对于可采性而言，相关性只是一个必要非充分的先决条件。具有相关性的证据必须同时不属于法律规定的排除范畴，方可具有可采性；而从证据排除规则的设置目的来看，除了少数是为了维护特定社会关系、秩序，普通法系中大部分证据排除规则的出现主要还是为了避免将不可靠、可信度低、可能会引起混乱的证据呈现给陪审团，以免误导他们

① 参见何家弘主编：《外国证据法》，法律出版社 2003 年版，第 356 页。
② 参见何家弘主编：《外国证据法》，法律出版社 2003 年版，第 356 页。

作出错误的裁决。因此,似乎可以得出这么一个结论:无论是在民事诉讼抑或刑事诉讼中,只要具有相关性,非法获得的证据应当是可以在诉讼中使用的,或者说,取证手段的合法性并不是影响证据可采性的一个因素。

受罗马法的影响,大陆法系国家实行纠问式的诉讼模式。在这一诉讼模式下,无论是案件事实的认定者,抑或法律的适用者,都是由职业法官进行。因此,与普通法系相比,大陆法系国家的证据规则较为简洁。与普通法系从正、反两个维度来确定证据可采性的方式不同,大陆法系国家一般不主张对证据能力作积极的规定,而只是消极地对无证据能力或者限制证据能力的情形作出规定,其表现为主要通过程序性规则来规范证据能力。① 这种程序性规则主要体现在直接审理原则、辩论原则、举证时限等方面。另外,大陆法系对证据能力的限制,还体现在对证据合法性的强调上。具体而言,体现为证据形式的合法性以及证据提出、证据调查程序的合法性。因此,虽然大陆法系国家在证据能力问题上赋予法官自由裁量权,但是这种自由裁量权并不是绝对的,并不意味着法官对证据能力的判断不受任何规则约束。诉讼中,法官对证据能力的审查与判断,通常涉及两方面的内容:一方面,证据的提出、使用要符合诉讼程序法的各种程序性规定;另一方面,一项证据要具有证据能力,还必须具有合法的证据形式,且不属于法律规定的"证据禁止"之范围。②

虽然在不同诉讼制度及法律文化的影响下,普通法系和大陆法系的证据法律制度呈现不同的特点,但二者在证据的可采性问题上却也有相似之处——都未将诉讼程序外取证手段的合法性与证据的可采性直接挂钩。在普通法系中,无论是相关性规则,抑或各种排除规则,始终是围绕证据本身的关联性、真实性、可靠性及完整性展开的,始终都是为了帮助裁判者查明事实、准确裁判服务的,只有少数证据排除规则是为了实现法律政策而存在。大陆法系在对证据能力进行限制时主要与各种诉讼程序规则、证据的形式以及调查程序相挂钩,归

① 参见纪格非:《论证据能力——以民事诉讼为视角的研究》,中国政法大学2003年博士学位论文,第54页。

② 参见纪格非:《论证据能力——以民事诉讼为视角的研究》,中国政法大学2003年博士学位论文,第54页。

根结底，目的是确保程序公正，促使法官作出公正的裁决。除此以外，只有少数的证据排除规则与普通法系一样，是为了实现特定的法律政策，维护社会特定关系。因此，不难发现，在两大法系证据法学的传统理论与制度中，证据收集手段、方法合法与否，并不会影响到该证据在诉讼（尤其是民事）中的可采性。

第三章　非法证据排除规则的起源：非法证据与刑事诉讼

第一节　普通法系：非法证据排除与“毒树之果”理论

一、基于宪法修正案的非法证据排除规则

如前所述，陪审制度对普通法系证据制度的产生与发展有着非常重要的影响。在陪审制度下，法官与陪审团之间有不同的分工，法官只就法律问题作出决定，陪审团则在法官的指示下负责评估证据，就事实问题作出认定。鉴于陪审员大多是非法律专业人士，因此，为了避免错误，使那些不必要或容易令人产生困惑的证据远离陪审团，各种关于证据可采性的规则应运而生。

在普通法系的传统理论中，证据的可采性与相关性密切相关。在相关性的理论之下，无论是在民事诉讼抑或刑事诉讼中，任何与争议事实相关的证据原则上都具有可采性；取证的手段、方法均不构成在诉讼程序将该证据予以排除的原因。[①] 18 世纪

① Commonwealth v. Dana, Mass. (2 Met.) 329, 337 (1841).

以及19世纪初,英国法院更是在一系列的司法判例中形成了这一个规则——只要证据具有相关性,就不应予以排除使用,即使该证据是通过非法方式获得的。较有代表性的经典判例应数18世纪的主教Atterbury叛国罪案以及19世纪的Commonwealth v. Dana案与Regina v. Leatham案。

1720年,在主教Atterbury叛国罪案的审判中,涉及根据令状截获的王室的信件能否作为证据使用的问题。当时该案的判决指出,无须考虑信件是如何获得的,因为这与公共安全不符,也不是为被告辩护所必须的。①

在1841年的Commonwealth v. Dana案②中,英国法官则指出,如果搜查令不合法,或者执行搜查令的警察越权,则申请搜查令的当事人或者警察应当对这些违法行为负责。普通法允许使用非法获得的证据的理论依据在于,不能通过操控证据规则来实施那些与证据公正或真相价值无关的政策。但是也存在一些例外情况,如果允许使用某些证据将会严重损害一些重要的外部政策(如为了维护夫妻之间的亲密关系、律师与当事人之间的亲密关系以及为了保护国家机密)时,普通法则规定将这些证据予以排除。但是这种理论并没有推及非法获取的证据,一方面,阻吓力效果不能作为排除非法证据的正当理由;另一方面,惩罚社会不良行为并不是证据法的目的。1861年,英国女王法院的法官在Regina v. Leatham案中更是直言不讳地指出,"如何获得证据并不重要。即使该证据是偷来的,它也允许使用……"③

由于继受英国法,很长一段时间内,美国在证据可采性问题上基本与英国的做法一致,证据是否具有可采性,关键取决于其与待证的争议事实是否具有相关性。证据之获取方法是否违法,不影响其可采性。直到1886年,这个古老的规则才因为Boyd v. United States案的出现而被打破。

---

① Bishop Atterbury's Trial, 16 How. St. Tr. 323, 495 (1723); *Wiretapping, Eavesdropping, and the Bill of Rights: Hearing Before the Subcommittee on Constitutional Rights of the Committee on the Judiciary, United Sates Senate, Pursuant to S. Res.* 234, *Eighty-Fifth Congress, Second Session, on Wiretapping, Eavesdropping, and the Bill of Rights, Part* 1. U. S. Government Print, Office, 1958, p. 1244.

② Commonwealth v. Dana, Mass. (2 Met.) 329, 337 (1841).

③ Regina V. Leatham, (1861) 8 Cox Cc 498. 转引自 G. L. Peiris, *The Admissibility of Evidence Obtained Illegally: A Comparative Analysis*, Ottawa Law Review, Vol. 13:2, p. 309 - 344 (1981).

(一)转折:Boyd v. United States(1886)[①]

博伊德公司因为建设工程需要使用平板玻璃,在使用了库存中的 29 箱以后,向政府声明自己可以免税进口 35 箱,政府怀疑博伊德逃避关税。控方从法院获得令状,要求博伊德出示此前进口的 29 箱平板玻璃的收据。博伊德将收据交给控方之后,随即被定罪,而此前他提交的收据正是定罪的证据之一。地区法院陪审团根据控方提交的证据裁决没收博伊德 35 箱平面玻璃,这一裁决得到了巡回法院的认可。博伊德不服,遂上诉至联邦最高法院。博伊德认为,控方要求他出示收据并将其作为证据的做法,违反了宪法第五修正案中"不可自证其罪"的规定。联邦最高法院认为,案件中要求当事人提供收据的令状以及法庭接纳控方根据令状获得的收据作为证据都是违宪的,最后撤销了地区法院和巡回法院的判决。

从表面上看,这个案件与非法搜查和扣押问题似乎并没有任何关系,但是该案的法官巧妙地指出,鉴于博伊德如果不按照令状要求提供收据,则指控将被将视为真实,因此令状相当于强迫被告出示其所寻找的证据,据此,法官得出结论,强迫被告出示私人文件的行为属于宪法第四修正案所规制的范围,因为它产生了一个跟搜查和扣押相同的目的。在判决中,联邦最高法院详细阐述了第四修正案关于禁止非法搜查和扣押的规定与第五修正案关于反对自证其罪规定之间具有密切的关系,表明强迫当事人交出能证明自己犯罪的文件违反了宪法第四修正案及第五修正案之规定,因此该文件应予以排除,不得作为指控当事人犯罪的证据。布拉德利(Bradley)法官在判决中指出,第四修正案所谴责的"不合理的搜查和扣押"总是为了迫使他人在刑事案件中自证其罪,而这正是第五修正案所谴责的;而第五修正案中所谴责的迫使一个人在刑事案件中自证其罪,也阐释了什么是第四修正案中所说的"不合理搜查和扣押"。如果允许采用非法获得的文件作为证据,那么将会再次构成对宪法的违反,即违反了第五修正案对强迫自证其罪的保障。

在 Boyd 案中,虽然出现了非法证据排除的概念,但是这个规则并不是直接作为第四修正案的一种救济和保障方式出现的,而是因为如果不排除该证据,将会

---

① Boyd v. United States,116 U. S. 616 (1886).

违反第五修正案关于不得强迫被告自证其罪之规定，旨在保障被告的审判权。[1]虽然 Boyd 案首次将宪法保护的权利和证据的可采性问题联系起来，确立了非法证据排除规则，但是美国联邦最高法院并没有将这一规则推广适用。在 1904 年的 Adams v. New York 案[2]中，美国联邦最高法院就重申了在证据的可采性问题上遵循普通法古老的传统，证据的可采性与证据获取手段之间没有关系。1903 年，Adam 被控非法赌博，警察依照令状在搜查他的住宅时发现并扣押了一些私人文件，后来这些文件成为 Adam 定罪的证据。Adam 不服，上诉至联邦法院，理由是该案中警方扣押其房屋内的私人文件违反了第四修正案以及第十四修正案，纽约州最高法院采用这些私人文件作为认定 Adam 罪名成立的证据更是违反了宪法第五修正案的规定。审理该案的 May 法官认为，该案中并不存在违反宪法第四、第五修正案中非法搜查扣押或强迫当事人自证其罪的情形。在这种情况下，"权力和理性的权衡"只限于对证据能力的审查，而不问证据的获取手段如何。换言之，证据的可采性主要取决于其与案件是否有关联性，而不问该证据的获取方法。在判决中，法官还援引 Boyd 案指出，第四修正案反对不正当搜查和扣押的规定旨在防止执法人员根据立法或司法行为侵犯私人人身和财产的安全、非法入侵公民的住宅，以及在受到侵犯时提供救济，但是英国和几乎所有的美国案例都拒绝将这一理论扩展到排除以这种方式获得的证据，如果该证据具有证明能力的话。

在 Adams 案中，联邦最高法院将 Boyd 案中确立的排除规则的适用范围严格限定于违反宪法修正案的情形，并不将其与证据的可采性问题挂勾。在之后将近十年的时间，美国联邦最高法院在这一问题上都严格遵循了 Adams v. New York 案中的立场，直到 1914 年，Weeks v. United States 一案的出现才扭转了这一局面。也正是在这个案件中，美国联邦最高法院最终确立了所谓的非法证据排除规则。[3]

---

① See Potter Stewart, *The Road to Mapp v. Ohio and beyond: The Origins, Development and Future of the Exclusionary Rule in Search-and-Seizure Cases*, Columbia Law Review, Vol. 83:6, p. 1365 – 1404 (1983).

② Adams v. New York, 192 U. S. 585 (1904).

③ See Shepherd, Robert E. Jr., *Admissibility of Illegally Obtained Evidence in a Civil Case*, Washington and Lee Law Review, Vol. 17:1, p. 155 – 160 (1960).

（二）确立：Weeks v. United States（1914）[①]

Fremont Weeks 供职于一家快递公司。1911 年，他因涉嫌通过邮件贩卖彩票而在密苏里州堪萨斯城被捕。之后警方通过他的邻居找到 Weeks 房子钥匙并进入房子进行搜查，查获了一些文件和物品。这些文件和物品随后被移交给美国法警局。根据这些移交的证据，法警局随后又和警察再次进入 Weeks 的房子进行搜查，又查获了一些信封、信件等证据。对于这两次搜查行动，警方和法警局都是在没有获得搜查令的情况下进行的。开庭前，Weeks 通过律师向法院请求法院退还这些被搜查获得的私人文件和物品，并阻止控方在法庭上使用该证据，但法院驳回了其申请，并判决 Weeks 罪名成立。Weeks 遂提起上诉，认为警察在没有搜查令的情况下对其房屋进行搜查以及法庭使用这些非法搜查获得的物品的行为，违反了宪法第四修正案的规定。

在这个案件中，争议的核心问题就在于：警察在没有搜查令的情况下搜查私人住宅的行为是否合法？如果构成非法搜查，查获的证据能否在法庭上使用？在判决中，法官援引了 1886 年 Boyd v. United States 案的判决，明确指出，“第四修正案的作用是使美国法院和官员在行使权力时受到限制和约束，确保人民及其住宅、文件和物品等不会受到任何以法律为伪装的不合理的搜查和扣押。……如果信件和私人文件可以如此被扣押、持有和用作针对被控犯罪的公民的证据，那么第四修正案中宣布他有权不受此类搜查和扣押的保护就毫无价值”[②]。据以，法官认定法警局和警察非法搜查、扣押获取的证据，侵犯了被告人受第四修正案所保护的权益，不得作为证据使用。

在 Weeks 案之前，美国联邦官员从未因为违反第四修正案搜查取证而受到惩罚，Weeks 案标志着非法证据排除规则在美国的正式确立。Weeks 一案给了法庭一种预防执法者无故侵犯个人私人财产的手段，因为非法获取的证据不能

---

① Weeks v. United States, 232 U. S. 383 (1914).

② Boyd v. United States, 116 U. S. 616 (1886).

在法庭上使用的规则,官员自然没有理由再进行非法搜查;[1]但是即便如此,Weeks 案判决的影响力也是有限的,这主要表现在它的适用对象只限于联邦官员,而且这一规则也没有强制适用到美国各州,是否适用该规则,由各州自行决定。如在 1949 年 Wolf v. Colorado 案中,联邦最高法院就曾表示,违反宪法扣押的证据排除规则对州法院并不必然有约束力。[2] 而早在 1927 年 Byars v. United States 案中,联邦法院还创立了银盘规则(silver platter doctrine),表明州执法人员非法搜查、扣押的证据可以在联邦法院的案件中使用。直到 1960 年 Elkins v. U. S. 案的出现才打破了这一规则。在该案中,联邦最高法院确定了州执法人员非法搜查、扣押的证据与联邦执法人员非法搜查、扣押的证据一样,均不得在联邦法院使用。1960 年的 Elkins v. U. S. 案打破了银盘规则,虽然这对于美国非法证据排除规则的发展而言具有重要的历史意义,但是该案仍旧没有解决将非法证据排除规则强制适用于各州法院的问题。直到一年后 Mapp v. Ohio 案的出现,才彻底解决了这一问题。

1961 年,通过 Mapp v. Ohio 案[3],美国将基于宪法第四修正案确立的非法

---

① See Elianna Spitzer, *Weeks v. United States: The Origin of the Federal Exclusionary Rule*, ThoughtCo.(May 03,2019),https://www.thoughtco.com/weeks-vs-u-s-4173895.

② Wolf v. Colorado,338 U. S. 25(1949).

③ Mapp v. Ohio,367 U. S. 643(1961).案情:Mapp 是俄亥俄州克利夫兰一家非法赌博公司的雇员。1957 年 5 月 23 日,警察接到一个匿名电话,表示一宗涉及爆炸案的嫌疑人藏在 Mapp 家中,并且 Mapp 家中藏有非法投注单和设备。三名警察随即赶往 Mapp 的房子,要求准许进入,但 Mapp 电话咨询了律师之后,以他们没有搜查令为由拒绝了他们的请求。之后两名警察离开,剩下一名留在马路对面监视 Mapp 的房子。13 小时后,坐满四辆警车的警察再次到来并敲门,但 Mapp 未应门,随即警察强行破门而入。Mapp 要求查看所谓的搜查令,警察向她出示了一张纸,并随即被抢回。之后为了避免 Mapp 反抗,警察强行为 Mapp 铐上手铐,并开始搜查她的房子。搜查过程中,警方查获了一些投注单和与之相关的物品。另外,在地下室,警察还发现了一把手枪和少量色情书籍和图片,但 Mapp 解释说,这是她的前房客遗留下的物品。之后她因涉嫌藏有淫秽物品而被起诉,初审法院判处 Mapp 有罪,这一判决也得到了州上诉法院以及州最高法院的认可。Mapp 不服,遂上诉至联邦最高法院。在上诉理由中,Mapp 指出,宪法第四修正案应被纳入州和地方法院。警方不能在审判中将其查获的书籍、刊物作为证据,因为这些物品是在警方没有搜查令的情况下获得的。经过一轮激辩后,联邦最高法院以 6 票赞成,3 票反对的结果推翻了初审法院的判决。其中五位法官认为各州有义务排除违反第四修正案的证据;但另外三位法官则坚持认为本案应当遵循 1949 年 Wolf v. Colorado 一案的判决,拒绝将排除规则延伸适用至各州。最后,联邦法院遵循多数意见,将依据第四修正案确立的证据排除规则延伸适用至美国各州,禁止联邦政府和州的官员非法进入个人的房子。

证据排除规则全面适用于联邦各州。与此同时,在20世纪60年代到70年代期间,美国联邦最高法院还先后在 Blackburn v. Alabama(1960)、Miranda v. Arizona(1966)以及 United State v. Wade(1967)几个判例中对违反《宪法》第5条、第6条规定获得的证据创设了排除规则。

二、因非宪法性违法行为的证据排除

除了司法判例中基于宪法修正案创设的若干非法证据排除规则,在制定法层面,美国一些立法中也有关于非法证据排除的相关规定。例如,早在1925年,得克萨斯州已经在制定法中规定将通过违反《联邦宪法》或者得克萨斯州《宪法》或法律而获得的证据从刑事诉讼中排除出去;美国国会1968年通过的《综合犯罪控制和街道安全法案》中(第802节①,第2515条)则规定,国家机关抑或个人未经许可使用电子和其他设备截取无线电报或口头通信而获得的信息及证据,在联邦及州的所有诉讼程序中均不得作为证据使用。司法实践中,一些法院在发布的《证据规则》中也确立了非法证据排除规则,如阿拉斯加州《证据规则》第412条中就规定,在刑事诉讼中,非法获得的证据一经被告加以反对,则不得使用;同时,法院在司法实践中也不断发展出针对通过一般违法行为取得的证据的排除规则。如在1943年的 McNabb v. United States 案②中,联邦最高法院就表明,违反国会法律规定获取的证据在刑事诉讼中不具可采性。联邦最高法院认为,联邦法院规制刑事案件中证据可采性的原则并不仅仅源于宪法,③在本案中,鉴于联邦官员从被告那里获得有罪供述的情况及其公然无视国会要求将被捕人带到司法官员面前的行为,因此获得的证据在联邦法院的刑事诉讼中不具有可采性,基于这些证据的定罪必须被撤销。④ 对此,联邦法院还进一步指出,尽管国会没有明确禁止使用这样获得的证据,但如果允许这些证

---

① 该部分内容规定在《美国法典》第18编第1部分中(第2510~2520条)。

② McNabb v. United States, 318 U.S. 332 (1943).

③ McNabb v. United States, 318 U.S. 332 (1943).

④ McNabb v. United States, 318 U.S. 332 (1943).

据作为联邦法院定罪的依据，将阻碍实现国会已经制定成法律的政策。[①] 在1956年的Rea v. United States案[②]中，联邦最高法院再次表明，违反《联邦刑事诉讼规则》第41条规定而获得的证据应当禁止在州的刑事诉讼中使用。

三、"毒树之果"理论

20世纪二三十年代，美国法院还先后在Silverthorne Lumber Co. v. U. S.（1921）、Nardone v. U. S.（1939）等判例中表明基于宪法修正案产生的非法证据排除规则的效力及于非法证据的衍生证据，形成了今天众所周知的"毒树之果"理论。根据该理论，非法证据排除规则不仅适用于通过非法取证行为直接取得的证据（原始证据），还适用于因非法取证行为而间接取得的证据（派生证据）；但是基于"毒树之果"理论的非法证据排除并非绝对的，20世纪60年代到80年代，美国联邦最高法院通过若干判例为这一规则创设了4种例外情形：

（1）独立来源例外。因非法取证行为而间接取得的证据并非一定都会被排除，如果该证据具有与违法行为完全无关的独立来源，那么该证据则具有可采性。[③]

（2）稀释例外。[④] 非法取证行为与据此被污染的证据之间的因果关系链过于遥远，派生证据的非法性为此大大削弱，因此可以不予排除。

（3）必然发现例外。[⑤] 尽管证据的来源不合法，但是即使该证据并没像实际情况那样被不适当地获得，警方仍然会不可避免地以另外一种合法的方式取得，则该证据具有可采性。[⑥]

---

① McNabb v. United States, 318 U. S. 332（1943）.

② Rea v. United States, 350 U. S. 214（1956）.

③ 参见[美]约翰·W.斯特龙主编，[美]肯尼斯·S.布荣等编著：《麦考密克论证据》，汤维建等译，中国政法大学出版社2004年版，第345页。

④ Wong Sun v. United States, 371 U. S. 471（1963）.

⑤ Nix v. Williams, 467 U. S. 431（1984）.

⑥ 参见[美]约翰·W.斯特龙主编，[美]肯尼斯·S.布荣等编著：《麦考密克论证据》，汤维建等译，中国政法大学出版社2004年版，第349页。

(4)善意例外。[①] 如果警察在搜查取证时合理并且善意地相信其行为是符合法律的，那么即使该行为实际上是违法的，取得的证据也具有可采性。[②]

虽然美国很多的证据制度是继受了英国普通法而来的，但从前述若干典型司法判例，可以看出，19 世纪末至 20 世纪 60 年代，在非法证据的可采性问题上，美国基本上已经放弃了普通法早期的立场，并逐渐发展创建出一套属于自己的理论与规则：一是非法证据排除规则，将违反宪法（修正案）规定甚至是一般制定法规定直接获得的证据排除在刑事诉讼之外。二是通过"毒树之果"理论，明确前述证据的衍生证据在刑事诉讼中同样也不具有可采性。

第二节　大陆法系中的证据禁止理论

谈及非法证据排除，现代许多学者往往认为这一规则源自美国。但事实上，据考证，早在美国确立非法证据排除规则之前，远在欧洲大陆的法国在 17 世纪时就已经存在非法证据排除的司法实践了，[③]法国也因此被奉为欧洲实行非法证据排除制度历史最悠久的国家。[④] 早在 1672 年，法国司法实践中就存在非法搜查程序被认定"无效"的情况，而这种无效在一些学者看来效果上等同于证据排除。[⑤] 19 世纪时，基于宪法对私人住宅的保障，法国 1809 年《刑事调查法》中明确规定，除非获得授权，否则禁止警察进入房屋、商店或建筑物。1857 年，法国法院首次通过裁判表明，警察未经许可、授权进入房屋会导致程序无效。1910 年，法国出现了首个证据因非法搜查和扣押而被认定无效的案件；从

---

① United States v. Leon, 468 U. S. 897(1984).

② 参见［美］约翰·W. 斯特龙主编，［美］肯尼斯·S. 布荣等编著：《麦考密克论证据》，汤维建等译，中国政法大学出版社 2004 年版，第 351 页。

③ See Walter Pakter, *Exclusionary Rules in France, Germany, and Italy*, Hastings Int'l & Comp. L. Rev., Vol. 9:1, p. 1 – 57(1985).

④ See Walter Pakter, *Exclusionary Rules in France, Germany, and Italy*, Hastings Int'l & Comp. L. Rev., Vol. 9:1, p. 1 – 57(1985).

⑤ See Walter Pakter, *Exclusionary Rules in France, Germany, and Italy*, Hastings Int'l & Comp. L. Rev., Vol. 9:1, p. 1 – 57(1985).

时间上来看,一些学者认为这足足比美国正式确立非法证据排除规则的 Weeks 案早了 4 年。[①] 而在德国,早在 1889 年的司法实践中也已经出现了非法搜查和扣押的证据在诉讼中被排除使用的例子。[②]

虽然早在 17 世纪至 19 世纪,非法证据排除已经陆续出现在法国、德国的司法实践中,但是理论上对这一问题的关注与讨论则主要盛行于 20 世纪。如 1936 年,有法国学者把"毒树之果"理论解读为,一个程序行为无效,不影响其他程序行为的效果,但基于无效行为而产生的行为除外。基于该理论,当卷宗中的证据受到不法性污染时,法院基于此作出的判决通常会被认定无效。[③]

1903 年,德国刑事法学家贝林(Ernst Beling)在一次题为"排除规则——刑事诉讼中发现真相过程的界限"的演讲中首次提出"证据禁止理论"(Beweisverbote),这一理论后来被普遍认为是现代德国刑事非法证据排除规则的理论来源与基础。在证据禁止理论中,贝林将证据禁止视为在价值分析基础上对刑事诉讼发现真相的一种限制。具体而言,"如果在价值分析过程中发现刑事诉讼的外在利益超过了在刑事诉讼中发现真实的利益,那么侵犯这些外在利益而取得的证据就应当被排除使用,这样就形成了证据禁止的规则"[④]。由此可见,利益权衡是贝林的证据禁止理论的核心。在贝林看来,发现真相并不是刑事诉讼唯一追求的目的与价值,在某些情形下,发现真相的价值必须要让步于其他更为重要的一些价值与利益,如国家安全、个人基本权利的保障等。遗憾的是,在当时德国具有浓厚官僚色彩且专制的司法职能之下,发现真相原则具有至高无上的优越性,而法学界亦沉醉于对证据自由评估原则的征服的喜悦

---

① See Walter Pakter, *Exclusionary Rules in France, Germany, and Italy*, Hastings Int'l & Comp. L. Rev., Vol. 9:1, p. 1 – 57(1985).

② See Walter Pakter, *Exclusionary Rules in France, Germany, and Italy*, Hastings Int'l & Comp. L. Rev., Vol. 9:1, p. 1 – 57(1985).

③ See Walter Pakter, *Exclusionary Rules in France, Germany, and Italy*, Hastings Int'l & Comp. L. Rev., Vol. 9:1, p. 1 – 57(1985).

④ 秦策、顾君:《德国刑事诉讼中的证据禁止:理论、规则与司法技术》,载《法制现代化研究》2004 年第 0 期。

之中,①因此,贝林这些具有前瞻性的主张提出来以后,在当时的社会并未得到应有的关注,也没能引起太多法学家的兴趣。直到第二次世界大战后,经历了半个多世纪社会政治、经济的动荡与改革,人们开始反思纳粹集权统治下发生的种种非人道暴行,并逐渐意识到对公民个人基本权利保障之重要性。鉴于此,德国法学的理论学说乃至立法才重新开始关注证据禁止的问题,最为典型的例子就是德国《宪法》以及《刑事诉讼法》都不同程度地增加了保障人权的内容。譬如,在证据的可采性问题上,德国《刑事诉讼法》于 1950 年增加了第 136 条 a 款,规定了收集证据的禁止及排除,明确排除受到强制的口供,从而使证据禁止及排除制度真正在立法中得以确立。在 20 世纪 60 年代,德国联邦最高法院更是在"录音带案"(1960 年)和"日记案"(1964 年)两个典型的案件中运用证据禁止理论,确立了违反公民宪法权利的证据应予以排除的规则。据此,历经半个多世纪的发展,证据禁止规则在理论和实践中逐步定型化,并最终形成了现有的内容。

虽然贝林最早提出了证据禁止的概念,但事实上,这一术语至今都不是一个法律概念,因此,理论上对它也有很多解读;但基于贝林的证据禁止理论,德国法学界主流意见认为证据禁止一般涉及两方面的内容——证据提出禁止和证据使用禁止。②

一、证据提出禁止

证据提出禁止(Beweiserhebungsverbote,有些学者将其译为"证据收集禁止"③

---

①　Nicolò Trocker, *Processo Civile e Costituzione: problemi di diritto tedesco e italiano*, A. Giuffrè, 1974, p. 567; Isabel Alexandre, *Provas Ilícitas em Processo Civil*, Coimbra, Livraria Almedina, 1998, p.46 –47.

②　参见李倩:《德国刑事证据禁止理论问题研究》,载《中外法学》2008 年第 1 期;王秀哲:《非法证据排除的共通性　宪法权利基础及其启示》,载《河北法学》2018 年第 3 期;郑旭:《非法证据排除规则》,中国法制出版社 2009 年版,第 9 页。

③　[德]迈克尔·赫格曼斯:《德国刑事诉讼法中的证据使用禁止》,周婧译,载《证据科学》2016 年第 5 期;[德]托马斯·魏根特:《德国刑事诉讼程序》,岳礼玲、温小洁译,中国政法大学出版社 2004 年版,第 189 页。

“证据取得禁止”)通常用于指涉对某些特定事实、证据方法或者取证方法的禁止。与之相对应,证据提出禁止通常分为以下几类:

1. 证明主题禁止(Beweisthemenverboten),亦称为“待证事实之禁止”[①],即无论使用何种证据方法,法律禁止通过该证据方法披露、证明某些事实。譬如,1877 年德国《刑事诉讼法》第 54 条禁止国家公职人员在未经上级授权、许可的情况下,出庭作证披露国家秘密。

2. 证据方法禁止(Beweismittelverbote),即法律针对某些证据方法所作的限制,将其排除出诉讼证据的范围。[②] 这类限制通常主要针对的是那些在诉讼中使用会与受法律保护的利益相冲突的证明方法。譬如,违背作者或者说话人的意愿,将他人的日记或者秘密录音作为证据,就被认为不符合人的尊严原则;再如,依据德国《刑事诉讼法》第 52 条至第 56 条之规定,被告的近亲属、公务人员等人享有拒绝作证权。因此,对于这些依法享有拒绝作证权的证人,在未尽合理告知义务情况下获取的证言不得在诉讼中使用。[③]

3. 取证手段禁止(Beweismethodenverbote),即法律对证据获取方法、方式的限制与禁止。[④] 一般而言,它指涉的是通过法律禁止的方法、手段获得的证据或者是通过侵犯他人身体或精神的完整性而获得的证据。在这一理论要求之下,执法、司法机关不得采用宪法和刑事诉讼法所禁止的手段与方法来收集证据,具体包括因无证搜查而对证据进行扣押、使用暴力或强制手段获取口供

---

① [德]迈克尔·赫格曼斯:《德国刑事诉讼法中的证据使用禁止》,周婧译,载《证据科学》2016 年第 5 期;[德]托马斯·魏根特:《德国刑事诉讼程序》,岳礼玲、温小洁译,中国政法大学出版社 2004 年版,第 189 页。

② 参见[德]迈克尔·赫格曼斯:《德国刑事诉讼法中的证据使用禁止》,周婧译,载《证据科学》2016 年第 5 期;[德]托马斯·魏根特:《德国刑事诉讼程序》,岳礼玲、温小洁译,中国政法大学出版社 2004 年版,第 189 页。

③ 参见李倩:《德国刑事证据禁止理论问题研究》,载《中外法学》2008 年第 1 期;[德]迈克·赫格曼斯:《德国刑事诉讼法中的证据使用禁止》,周婧译,载《证据科学》2016 年第 5 期。

④ 参见[德]迈克尔·赫格曼斯:《德国刑事诉讼法中的证据使用禁止》,周婧译,载《证据科学》2016 年第 5 期;[德]托马斯·魏根特:《德国刑事诉讼程序》,岳礼玲、温小洁译,中国政法大学出版社 2004 年版,第 189 页。

等。[①] 如德国《刑事诉讼法》第136a条“禁止的讯问方法”规定：“（一）对被指控人决定和确认自己意志的自由，不允许用虐待、疲劳战术、伤害身体、服用药物、折磨、欺诈或者催眠等方法予以侵犯。……（二）有损被指控人记忆力、理解力的措施，禁止使用……”

二、证据使用禁止

与证据提出禁止不同，证据使用禁止（Beweisverwertungsverbote）不涉及法律从不同角度对证据所作的限制，而是关乎法官能否将其用于裁判目的，即能否作为法院判决基础的问题。[②]因此，本质上，证据使用禁止是一个与证据的可采性密切相关的论题。德国学者登克尔（Dencker）认为这一术语表达了两个含义：一是违反证据提出禁止的后果；二是禁止以任何理由评估证据。[③] 基于这两个层面的理解，证据使用禁止具体又可以划分为依附性的证据使用禁止和独立的证据使用禁止。

（一）依附性的证据使用禁止

所谓依附性的证据使用禁止（Unselbständige Beweisverwertungsverbote，也称“非自主性证据使用禁止”[④]），顾名思义，这类证据使用禁止的构成有赖于一定的条件与前提——违反证据提出禁止。按照德国学者施鲁赫特（E. Schluchter）的说法，违反证据提出禁止之规定的证据，都可称之为依附性的证据使用禁止，因为非法取得的证据是禁止在判决中使用的。[⑤]

---

① 参见秦策、顾君：《德国刑事诉讼中的证据禁止：理论、规则与司法技术》，载《法制现代化研究》2004年第0期；王秀哲：《非法证据排除的共通性　宪法权利基础及其启示》，载《河北法学》2018年第3期；郑旭：《非法证据排除规则》，中国法制出版社2009年版，第9页。

② See Isabel Alexandre, *Provas Ilícitas em Processo Civil*, Coimbra, Livraria Almedina, 1998, p. 55.

③ Friedrich Dencker, *Verwertungsverbote im Strafprozess*, Heymanns, Carl, 1977, S. 5.

④ ［德］迈克尔·赫格曼斯：《德国刑事诉讼法中的证据使用禁止》，周婧译，载《证据科学》2016年第5期。

⑤ Ellen Schlüchter, *Das Strafverfahren*, Heymanns, Carl, 1983, S. 5f.

依附性的证据使用禁止还可以细分为法定的依附性证据使用禁止和非法定的依附性证据使用禁止。[①] 前者是指法律明文规定证据使用之禁止，主要针对那些通过法律明确禁止的收集手段而取得的证据[②]，如德国《刑事诉讼法》第136a条中规定，违反该条第1款和第2款所规定之证据取得之禁止性规定的，即使经被告人本人同意，该证据也不得使用；后者的非法定证据使用禁止，顾名思义，就是法律没有明确规定禁止使用某些非法取得证据的使用禁止。[③] 通常而言，这类禁止是法官在个案中基于对法律的理解进行价值和利益的权衡之后，对证据的使用进行自由心证的结果。[④] 从司法实践来看，对于法律未作明确规定的其他非法来源的证据，德国法院并不会当然、自动地排除该证据。实践中，德国法院规定了一些附加性的条件，只有当满足这些条件时，非法取得的证据才会予以排除：(1)违法取证行为必须损害了被告人的法律权益；(2)该证据只能通过违法手段获得；(3)证据的排除必须是为被破坏的程序性规则服务的，即如果证据的排除并不会促进被违反的程序性规则目的之实现，法庭就会采纳该证据；(4)证据的排除不能与查明真相这一最高利益相冲突。[⑤]

(二)独立的证据使用禁止

与依附性的证据使用禁止相反，独立的证据使用禁止(Selbständige Beweisverwertungsverbote)[⑥]并不源自对证据提出禁止的违反，它的构成具有独立性。[⑦] 具体而言，它指的是在不存在职权机关非法取证行为或证据提出禁止

---

① 参见李倩：《德国刑事证据禁止理论问题研究》，载《中外法学》2008年第1期。

② 参见李倩：《德国刑事证据禁止理论问题研究》，载《中外法学》2008年第1期；郑旭：《非法证据排除规则》，中国法制出版社2009年版，第9页。

③ 参见王秀哲：《非法证据排除的共通性　宪法权利基础及其启示》，载《河北法学》2018年第3期；郑旭：《非法证据排除规则》，中国法制出版社2009年版，第9页。

④ 参见李倩：《德国刑事证据禁止理论问题研究》，载《中外法学》2008年第1期。

⑤ 参见[德]托马斯·魏根特：《德国刑事诉讼程序》，岳礼玲、温小洁译，中国政法大学出版社2004年版，第192~193、195~198页。

⑥ 有些研究将其称为"自主性的证据使用禁止"，参见[德]迈克尔·赫格曼斯：《德国刑事诉讼法中的证据使用禁止》，周婧译，载《证据科学》2016年第5期。

⑦ See Isabel Alexandre, *Provas Ilícitas em Processo Civil*, Coimbra, Livraria Almedina, 1998, p. 60.

的情况时，对证据进行的排除。[①] 换言之，即使证据的提出是合法的，但该证据仍然不得在庭审中使用。[②] 这类证据禁止的基础并非在于刑事司法机关的违法行为，而是在于此类证据触及了一定的隐私范围，尤其是私人领域的核心区域。[③]

基于宪法规则对法院具有约束力，法院在裁判过程中有义务遵从、维护宪法规则的理论，有相当一部分德国学者很是认可独立的证据使用禁止价值。这一理论的追捧者认为，即使法律没有对证据提出禁止作出规定，法院、法官在裁判中也有义务不采纳、不使用侵犯了基本权利的证据。因此，在这一理论之下，一个没有违反提出禁止规定的证据也极有可能因为侵犯了宪法保护的基本权利而被排除使用。此外，纳粹政权垮台后，出于对人权保障的考虑，德国的《宪法》及《刑事诉讼法》中对公权力执法、司法机关的取证行为作了诸多限制，亦即前述提及的证据提出禁止范畴的内容，因此，在刑事诉讼中，有关独立的证据使用禁止的讨论主要针对那些由私人非法获取的证据。20 世纪 60 年代，德国联邦最高法院对 1960 年“录音案”和 1964 年“日记案”两个案件的判决就是很好的例证。

在 1960 年的“录音案”中，被告人是一名律师，其曾在一宗强奸案中担任被害人的律师。在与强奸罪被告人的女友进行私下协商时，被告人的女友私自对会谈过程进行了录音，并将该录音带提交给警方。之后，该律师据以被指控试图引诱客户作伪证。初审法院排除了该录音，并判决被告人无罪。控方不服，遂提起上诉。虽然当时德国法律还没有关于禁止监听的明确规定，但是联邦最高法院判决援引了《宪法》的规定，认为人的尊严与尊重人格的自由发展原是现代文明国家所公认的原则，未征得说话者同意的前提下进行秘密录音侵犯了说话者的隐私权，因此录音不得作为定案根据。

---

① 参见秦策、顾君：《德国刑事诉讼中的证据禁止：理论、规则与司法技术》，载《法制现代化研究》2004 年第 0 期。

② 参见李倩：《德国刑事证据禁止理论问题研究》，载《中外法学》2008 年第 1 期。

③ 参见［德］迈克・赫格曼斯：《德国刑事诉讼法中的证据使用禁止》，周婧译，载《证据科学》2016 年第 5 期；［德］托马斯・魏根特：《德国刑事诉讼程序》，岳礼玲、温小洁译，中国政法大学出版社 2004 年版，第 189 页。

在1964年的“日记案”中,①德国联邦最高法院进一步阐述了“录音案”中所确认的“证据使用禁止”理论。该案是一宗伪证罪案件,争议的核心问题就在于被告人的私人日记能否作为证据使用。被告人曾与一名已婚男子有过恋情,后该男子被控涉嫌通奸罪。被告人在该案中出庭作证,并否认自己与该男子有过亲密关系。但因被告人此前曾将记录了其二人交往活动的日记存放在该男子家中,后被该男子的妻子发现并提供给警方,被告人因此被指控伪证罪。初审法院采纳了这本日记,并据此判决被告人罪名成立,但德国联邦最高法院最后推翻了该判决。在判决中,德国联邦最高法院依据比例原则(Proportionality Principle,有些研究称为“相对称原则”)进行了分析。法院认为,虽然惩罚犯罪的目的非常重要,但这不是也不能成为一个国家至高无上的利益。相反,它只是诸多要考虑的利益中的一个。私人日记属于个人领域的范畴,如果违背作者的意愿将其披露,将会侵犯基本法保护的个人尊严和自由发展的权利。因此,如果采纳该日记为证据,将会侵犯基本法保障的个人隐私权。在判决中,法院将惩罚犯罪的国家利益和保护公民个人领域的利益进行了权衡,并指出,在进行权衡时必须结合基本权利的重要性以及执法的利益进行考量。如果指控涉嫌的罪名属于轻微性质的犯罪,那么应当优先考虑日记作者本人的利益(隐私权);反之,如果指控的罪行是涉嫌危害国家或者其他重大法律利益的重罪,则对私人权利的保护应当让位于国家利益。在本案中,由于对被告人隐私权侵害的严重程度超过了刑事指控的罪行,因此应当排除日记作为证据,以保护被告人的隐私权。

三、证据提出禁止与证据使用禁止之关系

从前述理论可以看出,证据使用禁止包括了两方面的内容,其中之一就是违反证据提出禁止导致的使用禁止。证据提出禁止可导致使用禁止,但这是否意味着违反证据提出禁止都将会导致证据使用禁止呢?事实上,德国法学界对

① Judgement of Feb. 21,1964,19 BGHSt 325(1964).

证据提出禁止与使用禁止之间是否存在必然关系的论题一直都存在争议。虽然贝林在他的证据禁止理论中提出违反证据提出禁止即意味着证据使用禁止,但是他的这一主张并没有完全为后继者认可与接受。由于过于强调证据提出禁止与证据使用禁止关系的绝对性,贝林在这一论题上的主张其实受到不少批判与质疑。后世许多学者从区分对待的视角创立了各种理论,试图寻求其他更为合理的方法来解决在什么情况下违反证据提出禁止会导致证据使用禁止的问题。①

在现今德国主流的观点看来,证据提出禁止与证据使用禁止之间的关系是:证据使用禁止包含了违反证据提出禁止而导致的使用禁止,但是违反证据提出禁止并不必然会导致证据使用禁止。换言之,并不是所有违反证据提出禁止的证据都不能在庭审中使用。② 除了违反证据提出禁止导致的使用禁止,证据使用禁止还包括独立的证据使用禁止,这也意味着违反证据提出禁止并不是构成证据使用禁止的前提条件。因此,从逻辑上来看,证据提出禁止既不是证据使用禁止的充分条件,也不是证据使用禁止的必要条件,二者仅仅是一个部分重叠的关系而已。

四、证据使用禁止的射程问题

相对于普通法中的"毒树之果"问题,除了证据禁止问题,德国刑事诉讼法学领域也尤为关注证据使用禁止的远距离影响问题,即通过禁止使用的信息获得的证据在诉讼中是否具有可使用性。③ 与美国原则上否定"毒树之果"证据效力的做法不同,德国法学界对这个问题似乎并没有达成共识,理论上既存在

---

① See Peter Mirfield, *Silence, Confessions and Improperly Obtained Evidence*, Clarendon Press, 2003, p. 19.

② BGHSt19, 325, 331; BGHSt 38, 372, 373. 转引自李倩:《德国刑事证据禁止理论问题研究》,载《中外法学》2008 年第 1 期。

③ 参见[德]迈克·赫格曼斯:《德国刑事诉讼法中的证据使用禁止》,周婧译,载《证据科学》2016 年第 5 期。

赞成的观点，也存在反对的意见，甚至还有根据个案进行权衡的折中派观点。[①] 就司法实践来看，德国法院关于承认证据使用禁止具有远距离影响的判例并不多，一些判例以及研究都表明，基于追求实体真实和打击犯罪的考虑，德国联邦最高法院在这个问题上有否定证据使用禁止远距离影响的倾向。[②] 也就是说，法院倾向于采纳从非法获得的信息中获得的衍生证据。因为在他们看来，排除这些证据不仅无益于实现被违反的程序性规则的目标，而且还会对查明事实真相造成巨大的损害。[③]

第三节 刑事非法证据排除的理论基础

一、威慑理论

威慑理论也被一些学者称为“惩戒原则”。这一理论源于美国，而且至今仍然是一个在美国占据主导地位的非法证据排除理论。该理论的核心观点认为可以通过排除非法证据阻却警察将来不当执法的行为，因为当他们意识到违法获取的证据不具有可采性时，就会尊重法律，依法行事。[④] 美国联邦最高法院对违反宪法修正案的证据进行排除的诸多判例中，不乏威慑理论的观点。如在 1960 年的 Elkins v. United States 案中，美国联邦最高法院就指出，排除规则的目的是通过消除无视宪法的动机来震慑、迫使警方以行之有效的方式尊重宪法保障的权利。[⑤] 在 1971 年的 Harris v. New York 案中，美国联邦最高法院则指

---

① 德国理论界对这个问题的讨论意见，可参见李倩：《德国刑事证据禁止理论问题研究》，载《中外法学》2008 年第 1 期。

② 参见［德］迈克·赫格曼斯：《德国刑事诉讼法中的证据使用禁止》，周婧译，载《证据科学》2016 年第 5 期；李倩：《德国刑事证据禁止理论问题研究》，载《中外法学》2008 年第 1 期。

③ 参见［德］托马斯·魏根特：《德国刑事诉讼程序》，岳礼玲、温小洁译，中国政法大学出版社 2004 年版，第 199 页。

④ See Peter Mirfield, *Silence, Confessions and Improperly Obtained Evidence*, Clarendon Press, 2003, p. 20.

⑤ Elkins v. United States, 364 U. S. 206 (1960) at 217.

出，假设排除规则对被禁止的警察行为具有威慑作用的话，那么当有关证据不能供控方在指控中使用时，便会产生足够的威慑力。[①]

从性质上看，威慑理论是一种面向未来的主张，强调对警察日后的不当执法行为进行震慑，但核心归根结底在于对未来犯罪嫌疑人利益的保护，[②]具有预防的功能与性质。[③] 但对于这一理论，曾经也有不少学者提出过质疑。

如，以欧克斯（Oaks）和坎农（Canon）为代表的美国学者从实证主义的角度出发，怀疑排除非法证据是否真的能够达到其所追求的制止警察违法行为的威慑效果。芝加哥大学欧克斯教授注意到实物证据与言辞证据的区别，认为排除规则在犯罪嫌疑人供述与非法搜查扣押情形中的适用存在很大的差别。警察询问犯罪嫌疑人旨在获得用于庭审的证据，因此，警察的行为应当受证据采用规则的约束；[④]但是就实物证据而言，他认为，除了给犯罪嫌疑人定罪，警方的搜查和扣押活动还有很多其他的目的，如为了从与犯罪无关的人手中找回被盗窃的物品、财产。[⑤] 鉴于此，他指出，排除规则对大部分不涉及起诉的警察行为几乎没有影响，也没有证据显示这一规则对那些涉及起诉的执法活动起到任何的威慑效果。因此，证据排除的适用条件（非法搜查或扣押的情形）对于阻止警察的违法行为几乎没有任何威慑效果。[⑥] 与欧克斯一样，美国肯塔基大学教授坎农也基于一系列的实证研究指出，没有足够的数据表明排除规则在促使警察遵

---

① Harris v. New York, 401 U. S. 222 (1971) at 225.

② See Peter Mirfield, *Silence, Confessions and Improperly Obtained Evidence*, Clarendon Press, 2003, p. 20; Mike Madden, *A Model Rule for Excluding Improperly or Unconstitutionally Obtained Evidence*, Berkeley J. Int'l Law, Vol. 33:2, p. 442 – 488 (2015).

③ See Peter Mirfield, *Silence, Confessions and Improperly Obtained Evidence*, Clarendon Press, 2003, p. 20; Mike Madden, *A Model Rule for Excluding Improperly or Unconstitutionally Obtained Evidence*, Berkeley J. Int'l Law, Vol. 33:2, p. 442 – 488 (2015).

④ See Dallin H. Oaks, *Studying the Exclusionary Rule in Search and Seizure*, University of Chicago Law Review, Vol. 37:4, p. 665 – 757 (1970); Peter Mirfield, *Silence, Confessions and Improperly Obtained Evidence*, Clarendon Press, 2003, p. 21.

⑤ See Peter Mirfield, *Silence, Confessions and Improperly Obtained Evidence*, Clarendon Press, 2003, p. 21.

⑥ See Peter Mirfield, *Silence, Confessions and Improperly Obtained Evidence*, Clarendon Press, 2003, p. 21.

守宪法第四修正案方面具有积极的效果。[①]

与实证主义者关注的效果不同,还有一些反对意见则是质疑威慑的手段,认为就威慑效果而言,排除非法证据是一种错误的手段,且法官也不应对威慑负责。迪普洛克(Diplock)法官在Sang案中的这段论述常被反对者引用作为上述质疑的论据:法官因警方或控方获得审判中使用的证据的方式而对他们行使惩戒权,这并不是法官的职责所在。如果证据是通过非法的方式获得的,可以通过民法获得救济;如果获取证据的方法合法却违反警察行为守则,则是需要由合适的惩罚机关来处理的问题。[②]

值得一提的是,虽然反对者从救济或者法官职责的角度对威慑论提出不少质疑,但在司法实践中,美国法院却乐此不疲,在很多案件中依然可以看到法官从威慑的角度来解读和适用非法证据排除规则。[③]

二、司法纯洁性理论[④]

司法纯洁性(Judicial Integrity)理论同样起源于美国,[⑤]其核心观点是如果法院允许采纳非法取得的证据,将有损司法的名誉和尊严。鉴于此,法院应排除这些被违法行为玷污的证据,以向公众表明他们不容忍执法人员的非法行为,并且拒绝以此类行为的结果为依据。通过排除使用非法获得的证据,法院重申了法治原则并支持了刑事诉讼的合法性。

在以司法纯洁性为导向论证刑事非法证据排除的正当性时,又存在两种不同的视角,一个是以法院为中心的视角,关注的是司法的示范效应。如在1955

---

① See Bradley Canon, *The Exclusionary Rule: Have Critics Proven That It Doesn't Deter Police*, Judicature, Vol. 62:8, p. 398 - 403(1979).

② See Peter Mirfield, *Silence, Confessions and Improperly Obtained Evidence*, Clarendon Press, 2003, p. 22.

③ Mapp v Ohio, 367 US 643(1961); Miranda v. Arizona, 384 US 436(1966).

④ See Jerry D. Mackey, *The California Constitutional Right of Privacy and Exclusion of Evidence in Civil Proceedings*, Pepperdine Law Review, Vol. 6:1, p. 231 - 252(1979).

⑤ See Peter Mirfield, *Silence, Confessions and Improperly Obtained Evidence*, Clarendon Press, 2003, p. 23.

年美国加州 People v. Cahan 案中,针对警方非法搜查获取证据的行为,该案的法官在判决中直言不讳地指出,法院允许庭上使用非法证据助长了非法搜查和扣押的取证行为。为了维护司法机构的尊严,法院不应该插手这类“肮脏的业务”。政府不能一边侵犯公民的宪法权利,一边又要求他的公民遵守法律,这在道德上是自相矛盾的。① 这个判决被誉为奠定了司法纯洁性理论的基础。一方面,它明确了法院不能一边谴责、惩罚被告的违法行为,同时又宽恕警察的违法行为,这在道德上是不容许的;另一方面,它表明了法院在这个问题上应当要有一个统一的行为评判标准,才能维护司法的权威。② 在 1961 年的 Mapp 案中,美国联邦最高法院也指出,该案的判决赋予法院在真正的司法活动中所必需的司法权威。③

另外一个视角则是以社会公众为中心,关注社会公众对司法的态度与反应,即如果法院采用非法证据,社会公众将会如何看待整个刑事法律制度,是否会对司法制度失去尊重与信任。在 1928 年 Olmstead v. United States 案中,法官指出,如果政府成为违法者,则会助长社会藐视法律的风气,纵容每个人成为自己的法律,从而导致无政府状态。这其中似乎道出了一种隐忧,即采用非法证据会导致违法行为的数量增加。④

虽然美国早期的一些司法判例中使用了司法纯洁性理论来论证刑事非法证据排除的正当性,但是这一理论后来也遭到质疑和批判。有意见就认为,虽然排除规则可能有助于维护司法程序的声誉,但在刑事诉讼程序中,它也可能会导致犯有严重罪行的人不获起诉或无罪释放,从而破坏刑事司法制度的公众接受度。如果法院经常排除可靠的证据并因此导致犯有严重罪行的人免于被

---

① People v. Cahan, 252 P. 2d. 905 (1955), at 912.

② See Peter Mirfield, *Silence, Confessions and Improperly Obtained Evidence*, Clarendon Press, 2003, p. 24.

③ Mapp v. Ohio, 367 U. S. 643 (1961).

④ Olmstead v. United States, 277 U. S. 438 (1928) at 485.

定罪，那么公众会对司法制度失去信心。[①] 司法实践中，这一观点后来逐渐为美国一些法院接受与认可。因此，从 20 世纪 60 年代开始，美国的法院逐渐抛弃这一理论，更倾向于从震慑的角度来论证刑事非法证据排除。在 1976 年 Stone v. Powell 案中，鲍威尔(Powell)法官就指出，法院当然有必要维护司法程序的公正性，但这种关注作为排除非法证据的一个正当理由，其作用力很有限。怀特(White)法官则是更直白地指出，当可靠有证明力的证据被排除时，整个查明事实真相的程序将会遭到实质性的破坏，这反过来会削弱公众对整个司法制度的信念[②]。

值得一提的是，虽然司法纯洁性理论已逐渐被美国所抛弃，但是这一理论却逐渐为其他一些国家(如德国、加拿大、英国)所接受。德国法院在 20 世纪的不少司法判例中曾多次表明，威慑警察的不当行为并不是德国非法证据排除规则的首要目标；即使证据是因为警察粗暴扣押行为而被排除，其主要目的也并不是惩罚警察，而是维护司法程序的公正性。[③] 加拿大在 1980 年生效的《权利与自由宪章》中明确规定，对于违反受该宪章保护的权利与自由所获得的证据，法庭在权衡所有情况后，如果认为采用该证据会有损司法声誉，则应予以排除。实务中，加拿大最高法院在 20 世纪八九十年代的不少案件中对非法证据的排除也采取了积极的态度与立场。[④] 同一时期，澳大利亚不少法院在判决中也赋予法官基于公共政策原因享有排除被告人供述和其他证据的自由裁量权，这其中很大程度上也是出于维护司法声誉的考虑。[⑤]

---

① See Jenia Iontcheva Turner & Thomas Weigend, *The Purposes and Functions of Exclusionary Rules*: *A Comparative Overview*, in Sabine Gless and Thomas Richter eds., Do Exclusionary Rules Ensure a Fair Trial? A Comparative Perspective on Evidentiary Rules, Springer, 2019, p. 258 – 259.

② See Terri M. Couleur, *The Use of Illegally Obtained Evidence to Rebut the Insanity Defense*: *A New Exception to the Exclusionary Rule*?, The Journal of Criminal Law and Criminology, Vol. 74:2, p. 391 – 427 (1983).

③ See Craig M. Bradley, *The Exclusionary Rule in Germany*, Harvard Law Review, Vol. 96:5, p. 1032 – 1066 (1983).

④ See Peter Mirfield, *Silence*, *Confessions and Improperly Obtained Evidence*, Clarendon Press, 2003, p. 25.

⑤ See Peter Mirfield, *Silence*, *Confessions and Improperly Obtained Evidence*, Clarendon Press, 2003, p. 25 – 26.

在英国,司法纯洁性理论在20世纪90年代已经发展成为普通法的核心理论,不少学者更是将这一理论作为主张非法证据排除的基础。其中,呼声最高的当属牛津大学的阿德里安·祖克曼(Adrian Zuckerman)教授和伦敦大学学院的伊恩·丹尼斯(Ian Dennis)教授。

祖克曼将其主张概括为"合法性理论"。对此,他曾经有过一段详细的论述。他认为,刑事审判具有道德的维度,它关乎道德责任的确定,这也反过来证明了对个人施加痛苦与法律责任的正当性。社会公众接受刑事法院权力的意愿取决于公众对该制度道德合法性的认可度。司法制度的合法性取决于很多因素,其中包括公众可接受的针对违法行为的司法态度。一个被视为纵容甚至鼓励违法行为的司法团体很难要求公众遵守自己的法令。① 从这段论述,不难看出,祖克曼的"合法性理论"的核心还是在于公众对司法的态度。但值得注意的是,在祖克曼的理论中,还包含着道德的维度,即法官不能仅仅基于良心,而且还要基于道德行事。换言之,这也表明法官对非法证据问题的处理是一个权衡过程,采纳该证据与否取决于它是否有助于法院的公正裁决。②

丹尼斯的"裁决的道德权威"理论与祖克曼的观点有很多相似之处,虽然他强调自己的理论除了为非法证据排除规则提供理论依据,还可以为证据法中的其他排除规则提供理论依据。③ 对于裁决的道德权威性,他曾经以刑讯逼供为例作过论述。他认为,刑讯逼供破坏了裁决的道德权威。因为一个无视刑法核心原则的裁决是自相矛盾的,它传达了一种讯息,刑法允许任意践踏它自身设定的价值,这将会丧失公众对审判程序以及刑法本身的尊重。④ 由此不难看出,本质上,丹尼斯的理论跟祖克曼的"合法性理论"中强调的公众对司法的态度并

---

① See Adrian A. S. Zuckerman, *Illegally-Obtained Evidence—Discretion as a Guardian of Legitimacy*, Current Legal Problems, Vol. 40:1, p.55 - 70(1987).

② See Peter Mirfield, *Silence, Confessions and Improperly Obtained Evidence*, Clarendon Press, 2003, p.27.

③ See I. H. Dennis, *Reconstructing the Law of Criminal Evidence*, Current Legal Problems, Vol. 42:1, p.21 - 48(1989).

④ See Peter Mirfield. *Silence, Confessions and Improperly Obtained Evidence*, Clarendon Press, 2003, p.28.

没有太大差别；与此同时，丹尼斯跟祖克曼一样，非常关注裁决的公正性。对此，他曾经指出，如果被告确实犯罪，判决应该予以定罪，否认将会破坏刑法的目的；查明事实是确保裁决合法的一种手段与保证，是为裁决合法这一终极目标服务的。[①]

三、人权保护理论

在众多刑事非法证据排除的正当性理论中，人权保护是当今绝大多数国家普遍认可和接受的一个理论，该理论认为证据排除可以为人权受到侵犯的受害者提供一种有效的救济。从刑事非法证据排除方面具有悠久历史的美国来看，联邦最高法院早期对有关证据进行排除时的对象都是违反宪法修正案获取的证据。而在相关的一些判决中，虽然法院都反复强调其目的是期望通过排除这些证据的使用以阻却警察日后的违法行为，即便如此，其归根结底都是为了保障宪法修正案所确认、保护的公民的各项权利不受到侵犯。如在1914年Weeks案中，法院就指出，如果警方通过非法搜查和扣押获得的证据不予以排除，那么宪法第四修正案所保障的权利就毫无价值。

从20世纪五六十年代开始，随着《欧洲人权公约》《美洲人权公约》等区域性人权条约的签订和相关区域性人权法院的设立，许多成员国为履行公约义务先后作出规定，排除使用通过以侵犯人权的方式获得的证据。无论是《欧洲人权公约》《美洲人权公约》，抑或联合国《世界人权宣言》，这些公约中都普遍表明公民个人在刑事诉讼中享有公正审判权、住宅和人身不受非法搜查和扣押的权利、隐私权、不得被迫自证其罪的权利等。虽然有关人权公约中没有明确规定必须要排除通过侵犯公民个人权利获得的证据，将证据的可采性问题交由各个国家自由决定，但是作为公约的成员国，确实有义务通过相关机制来维护、保障公约中确认的各项权利，毫无疑问，证据排除规则就是作为这样一种保障机

---

① See Peter Mirfield, *Silence, Confessions and Improperly Obtained Evidence*, Clarendon Press, 2003, p. 28.

制或者有效的救济方式而存在。

此外，为了保障公民个人的公正审判权，公约基本都强制要求排除通过严重违反当事人公平审判权而获得的供述，如以酷刑或不人道待遇方式获取的任何证据和以非法手段获取的言词证据都应当绝对排除等。联合国大会1984年通过、并于1987年生效的《禁止酷刑和其他残忍、不人道或有辱人格的待遇或处罚公约》（The United Nations Convention against Torture and Other Cruel, Inhuman or Degrading Treatment or Punishment，以下简称《联合国禁止酷刑公约》）[①]中就特别规定（第15条），“每一缔约国应确保在任何诉讼程序中，不得援引任何业经确定系以酷刑取得的口供为证据，但这类口供可用作被控施用酷刑者刑求逼供的证据。”20世纪80年代末至21世纪初，先后有100多个国家陆续加入该公约。为了履行公约义务，包括我国在内的诸多缔约国在刑事立法中也先后确立了非法证据排除规则。[②] 从这个角度来看，国际人权公约的实施在一定程度上直接或间接地促进了旨在保护人权的非法证据排除规则的使用。[③]

第四节　本章小结

在普通法系证据制度的传统理论中，证据的可采性与相关性密切相关。在以相关性为主导的证据可采性理论之下，无论是在民事诉讼抑或在刑事诉讼中，取证的手段、方式合法与否不影响证据在诉讼中的可采性。直到19世纪末，这一古老的规则才开始在刑事诉讼领域被打破。20世纪上半叶，出于遏制警方包括非法搜查扣押在内的各种非法取证行为以及保障公民宪法权利的考虑，美国联邦法院先后通过一系列经典判例率先在普通法系国家中确立了刑事

① 截至2023年6月，已经有173个国家加入该公约。

② 参见CAT/C/CHN/5《中华人民共和国执行〈禁止酷刑和其他残忍、不人道或有辱人格的待遇或处罚公约〉的第六次报告》。

③ See Tony Ward, *Book Review: Improperly Obtained Evidence in Anglo—American and Continental Law*, The International Journal of Evidence & Proof, Vol. 24:1, p. 95 – 96 (2020).

诉讼非法证据排除规则。总体来看,美国刑事非法证据排除制度有以下特点:第一,非法证据限于执法机关违法获取的证据。第二,非法证据排除的基础法律最初是以宪法修正案为主,但在发展过程中,其他违反制定法规定获取的证据也被逐渐纳入非法证据排除的范围。

与普通法系中的非法证据排除相似,欧洲大陆国家在刑事诉讼领域中也存在类似的证据排除规则。其中最具有代表性的就是 20 世纪初德国法学家贝林提出,继而在 20 世纪中期之后为立法、司法逐渐发展成型的证据禁止理论。从效果来看,德国的证据禁止规则与美国的非法证据排除规则颇为相似,但就其理论基础而言,二者之间却显著不同。以美国为代表的普通法系的非法证据排除规则的主要目的是吓阻警察的非法取证行为,因此,在这一规则之下,警方非法获得的证据绝对排除使用;德国的证据禁止理论则包含了证据提出禁止和证据使用禁止。前者通常是法律对警方、控方取证行为的限制,后者则主要是对法官采纳证据的限制。尽管从客观来看,证据禁止规则也会产生吓阻警方非法取证行为的效果,但在德国的诉讼理论中,证据禁止理论更多的是关注非法取证行为所侵害的法益,威慑作用至多只是一个附带的效果而已。因此,在证据禁止理论之下,违反证据提出禁止并不必然会导致证据使用禁止。具体而言,在证据禁止理论之下,非法获取的证据并不会因其非法性而必然、绝对被排除。证据排除与否,需要根据比例原则,对非法取证行为所侵害的法益以及被告人所涉罪行的严重程度进行权衡。在这一原则之下,往往会出现一种看似矛盾的现象:非法获取的证据并未因其违法而排除;而合法取得的证据却有可能因为侵害了某个重大的法益被排除使用。

虽然以美国为代表的普通法系非法证据排除与德国的证据禁止规则在理论基础乃至司法实践的操作机制上都存在诸多不同,但二者也有一个共同之处,都反映了 20 世纪以后刑事诉讼的一个发展倾向,即发现真相已不再是诉讼的唯一价值与目的。在某些情况下,为了保障公民的宪法权利,必须排除一些具有相关性的证据。不同的是,这两种排除规则在各自的排除范围上有所不同而已。

第四章　非法证据排除规则的发展：非法证据与民事诉讼

第一节　20 世纪中期以前的观点

一、普通法系

如前所述，在普通法证据法学的传统理论中，证据的可采性很大程度上取决于相关性，而与取证手段之间基本没有任何关系。换言之，证据的可采性不因证据的取证手段而有所影响。无论是法学理论抑或司法实践，主流的意见均认为，只要证据与待证事实之间有实质的相关性，就没有理由排除该证据。利益因非法搜查、扣押受到损害的当事人，则可以通过民事诉讼等其他救济手段要求违法者进行损害赔偿。这种证据观不仅在刑事诉讼中根深蒂固，在民事诉讼中亦广泛适用。①

普通法中涉及证据可采性的民事诉讼最早可追溯至 1740 年的 Jordan v. Lewis 案，该案被认为是英国将刑事诉讼中证据的可采性不受取证手段影响的规则引入民事诉讼领域的第一

① See Robert E. ，Shepherd J R. ，*Admissibility of Illegally Obtained Evidence in a Civil Case*，Wash. & Lee L. Rev. ，Vol. 17：1，p. 155－160（1960）.

案。[1] 这是一宗涉及恶意诉讼的案件,原告在刑事诉讼中未经法官授权而获得针对他的起诉书副本。在该案中,法院最后认为,尽管起诉状的副本是非法获得的,但仍然具有可采性。[2] 此后在 Legatt v. Tollervey (1811)、Caddy v. Barlow(1827)等类似的案件中,法院基本上都遵循了 Jordan v. Lewis 案的上述意见进行裁判。此外,在 19 世纪诸多其他类型的民事案件中,[3]英国法院基本上也是遵循证据的可采性不受非法取证行为影响这一古老规则进行裁判。其中,较为典型的一个判例是 1897 年的 Rattray v. Rattray 离婚案[4]。

该案中,原告从邮局盗取了妻子(被告之一)写给共同被告的信件,用以证明妻子与共同被告之间有通奸行为。虽然该证据系原告通过盗窃获得,并且原告为此也被追究了刑事法律责任,但是并没有影响该证据的可采性。负责审理该案件的特雷纳(Trayner)法官认为,虽然原告窃取信件的行为已经触犯了法律,构成犯罪,但是他已经为此受到了相应的刑事处罚——被判处短期监禁。原告获取信件的行为方式并不会改变信件的内容以及它可能或可以证明的事实。法律的政策是采纳几乎所有有助于查明争议事实、实现司法公正的证据。基于此,没有任何充分的理由显示应当排除该证据。[5] 对于采纳该证据是否会鼓励、助长犯罪的问题,特雷纳法官则表示一点都不担心。在他看来,虽然允许原告将违法获得的信件作为证据使用,但与此同时,原告也因违法获取证据的行为被关进了监狱。言下之意就是原告违法获取证据的行为并不是没有任何代价的,允许违法获取的证据具有可采性并不必然会导致鼓励违法犯罪行为的社会效果。Rattray v. Rattray 案的判决作出后,在英国产生了重大的影响,直到

---

① See *Wiretapping, Eavesdropping, and the Bill of Rights: Hearing before the Subcommittee on Constitutional Rights of the Committee on the Judiciary, United Sates Senate, Pursuant to S. Res. 234, Eighty-Fifth Congress, Second Session, on Wiretapping, Eavesdropping, and the Bill of Rights, Part* 1. U. S. Government Print, Office, 1958, p. 1244.

② Jordan v. Lewis, 93 Eng. Rep. 1072 (K. B. 1740).

③ Stockfleth v. De Tastet (1814); Lloyd v. Mostyn (1842); Calcraft v. Guest (1898); Donald E. Wilkes, Jr., *A Critique Of Two Arguments Against The Exclusionary Rule: The Historical Error And The Comparative Myth*, 32 Wash. & Lee L. Rev., p. 887 (1975).

④ [1897] Sess. Cas. 315 (Scot. 2d Div.).

⑤ [1897] Sess. Cas. 315 (Scot. 2d Div.).

20世纪中期,法院基本上大多遵循该判例确立的规则来处理民事诉讼中非法证据的可采性问题,[①]而当时主流的学者、教科书基本上也一致认定在英国法中,非法获得的证据在民事诉讼中具有可采性。[②]

除了英国,普通法系的其他主要代表国家,如美国、加拿大在20世纪50年代以前的司法判例中基本上也都是采取了与英国一样的立场与做法,认为非法获得的证据可以在民事诉讼中使用。

在1926年的People v. Defore案[③]中,美国纽约州上诉法院认为在没有相反法律规定的情况下,通过不合理搜查获得的证据具有可采性;在1934年的McColl v. Hardin案中,德克萨斯州上诉法院认为由于该案不是刑事诉讼,因此不适用禁止使用非法获取的证据(包括通过违宪搜查和扣押获得的证据)的州法令;[④]在1950年的People v. Appelbaum案中,纽约州上诉法院以宪法修正案所指的非法搜查扣押只限于主权当局及执法机构,而不包括私人为由,拒绝将非法证据排除规则延伸适用于民事诉讼。[⑤]

在1927年的Lightheart v. Lightheart离婚案[⑥]中,妻子擅自取走了丈夫锁在抽屉的信件证明丈夫与他人存在通奸行为。加拿大萨斯喀彻温国王法院认为该行为不构成普通法犯罪意义上的盗窃,并允许将信件作为证据使用;在1950年的Reliable Toy Co. v. Collins案[⑦]中,为证明被告泄露公司机密,原告委托侦

---

① Creasey v. Creasey, [1931] Sess. Cas. 9 (Scot. 1st Div.); MacColl v. MacColl, [1946] Scots L. T. 312; Hans W. Baade, *Illegally Obtained Evidence in Criminal and Civil Cases: A Comparative Study of a Classic Mismatch II*, Texas Law Review, Vol. 52:4, p. 621-702(1974).

② Margaret L Ross 和 James P Chalmers 于1965年首次出版的 *The Law of Evidence in Scotland* 在20世纪60年代乃至今天都具有很大的影响力,该著作至今仍多次重新印刷出版。该著作中就提及与英格兰一样,非法获得的证据在苏格兰民事诉讼中也具有可采性。Hans W. Baade, *Illegally Obtained Evidence in Criminal and Civil Cases: A Comparative Study of a Classic Mismatch II*, Texas Law Review, Vol. 52:4, p. 621-702(1974).

③ People v. Defore, 242 N. Y. 13, 150 N. E. 585 (N. Y. 1926).

④ McColl v. Hardin, 70 S. W. 2d 327 (Tex. App. 1934).

⑤ People v. Appelbaum, 01 N. Y. 738, 95 N. E. 2d 410 (1950), See Wayne O. Soldberg, *Evidence-Searches and Seizures—Admissability in Civil Case When Illegally Obtained by Private Persons*, North Dakota Law Review, Vol. 41:4, p. 559-561(1964).

⑥ [1927] 1 D. L. R. 386 (Sask. K. B. 1926).

⑦ [1950] 4 D. L. R. 499 (Ont.).

探对被告在房间里的谈话进行录音,加拿大安大略省高等法院允许将该录音作为证据使用;在 1958 年的 Little et al. v. Little 离婚案①中,加拿大最高法院允许使用私人侦探的证言作为证据;1959 年,在 Hauer v. Hauer 离婚案②中,丈夫雇用私家侦探在妻子的公寓里安装了窃听设备,对妻子及其情人的对话进行录制,加拿大萨斯喀彻温省上诉法院也允许将该录音作为证据使用。

二、大陆法系

在神明裁判退出历史舞台后,西欧国家先后经历了法定证据及自由心证的时代。在法定证据主义之下,法律通常对证据的种类或形式、每一种证据的证明价值乃至某一种事项的证据方法都预先作出具体、明确的规定,除此以外,法律并不关注证据是如何收集、取得的,证据是否具有可采性以及证明力如何,法官都只能依照法律规定判断。相较于法定证据主义,自由心证主义的进步在于,法律不再对证据的证明力作严格限制,而是交由法官依据逻辑和经验法则自行评估判断。因此,在 20 世纪中期以前,无论是在法定证据时代,抑或在自由心证时期,原则上,只要证据符合法律预设的证明要求(形式要求),并且是真实的,均可以在民事诉讼中使用,不存在证据因取证方法不合法而被排除一说。③ 虽然早在十六七世纪时期,法国的刑事诉讼领域已经开始注意到非法证据的可采性问题,④但是在民事证据制度中,无论是理论上抑或实务中,这个问题在西欧大陆法系国家似乎都未获得太多的关注。唯一有例外的是,19 世纪末,在意大利的司法实践中,法院曾经在判决中拒绝认可非法取得的证据的法律效力。如在 1884 年,意大利最高

① Little and McDonald v. Little, 1958 CanLII 27 (SCC), [1958] SCR 566.

② 18 D. L. R. 2d 742 (Sask. C. A. 1959).

③ 关于中世纪后西欧有关国家(德国、法国)民事诉讼证据制度内容的具体介绍,可参见 Arthur Engelmann & Others, *A History of Continental Civil Procedure*, Little, Brown, and Company, 1927, p. 553 - 563, 758 - 762, 854 - 858.

④ 参见 Walter Pakter, *Exclusionary Rules in France, Germany, and Italy*, Hastings Int'l & Comp. L. Rev., Vol. 9:1, p. 1 - 57(1985); 王蕴:《证据排除规则研究——以民事诉讼为中心》,法律出版社 2014 年版,第 87 页;[美]米尔建 · R. 达马斯卡:《漂移的证据法》,李学军等译,中国政法大学出版社 2003 年版,第 18 页。

法院就曾在一宗案件中拒绝接受将一封通过盗窃获得的信件作为证据使用。[①]在判决中,法院对信件的所有权和程序中的举证权进行了权衡分析,指出程序特权并不优先于其他权利,换言之,程序中提出证据的特权不能构成侵犯其他权利的正当理由。[②] 在1934年另外一个类似的案件中,米兰上诉法院也否认了被盗文件作为证据的效力,其目的在于希望通过否定行为的效力来限制当事人的非法行为。[③] 1935年,意大利最高法院在审查该案时再次确认上述立场,认为被盗的文件不能作为证据使用。[④] 尽管判例中存在一些个案,但在制定法层面,意大利并未对民事诉讼中非法证据的可采性问题做出过任何明确的规定。

俄国十月革命后,苏维埃政权上台。与资本主义国家在诉讼中追求的形式真实不同,苏联的民事诉讼尤为强调客观真实,客观真实是苏联法律程序(无论是民事抑或刑事)的主要目标。[⑤] 正如苏联著名民事诉讼法学者克列曼教授所说:"在苏维埃民事诉讼中,法院的任务就是要发现实质真实,即实际的真实,苏维埃刑事诉讼和民事诉讼中的证据学说都服从这个目的。"[⑥]因此,与其他大陆

---

① Decision of the Corte di Cassazione, 8 May 1884. 转引自 Vito Breda & Mateo Vricella, *English Pragmatism and Italian Virtue: A Comparative Analysis of the Regime of Illegally Obtained Evidence in Civil Law Proceedings between Italy and England*, Maastricht journal of European and comparative law, Vol. 21:3, p. 428 – 443(2014).

② Decision of the Corte di Cassazione, 8 May 1884. 转引自 Vito Breda & Mateo Vricella, *English Pragmatism and Italian Virtue: A Comparative Analysis of the Regime of Illegally Obtained Evidence in Civil Law Proceedings between Italy and England*, Maastricht journal of European and comparative law, Vol. 21:3, p. 428 – 443(2014).

③ Court of Appeal, Tribunal of Milan Decision 5/3/1934. 转引自 Vito Breda & Mateo Vricella, *English Pragmatism and Italian Virtue: A Comparative Analysis of the Regime of Illegally Obtained Evidence in Civil Law Proceedings between Italy and England*, Maastricht journal of European and comparative law, Vol. 21:3, p. 428 – 443(2014).

④ Cassazione del Regno, 8 Febraury 1935. 转引自 Vito Breda & Mateo Vricella, *English Pragmatism and Italian Virtue: A Comparative Analysis of the Regime of Illegally Obtained Evidence in Civil Law Proceedings between Italy and England*, Maastricht journal of European and comparative law, Vol. 21:3, p. 428 – 443(2014).

⑤ See George Ginsburgs, *Objective Truth and the Judicial Process in Post—Stalinist Soviet Jurisprudence*, The American Journal of Comparative Law, Vol. 10:1/2, p. 53 – 75(1961).

⑥ [苏]克列曼:《苏维埃民事诉讼中证据理论的基本问题》,法律出版社1957年版,西南政法学院诉讼法教研室1984年编印,第8页。转引自李浩:《论法律中的真实——以民事诉讼为例》,载《法制与社会发展》2004年第3期。

法系国家一样，苏联的民事证据制度中自然也不存在所谓的证据排除规则。[①]

受苏联的影响，查明客观真实在东欧社会主义国家的民事诉讼中也占据着非常重要的地位，客观真实原则是民事诉讼法一个至上的法律原则。根据这一原则，法院在民事诉讼中奉行国家干预主义。因此，为查明客观真实，法官不仅不局限于审查当事人提出的证据，而且有权，甚至有义务依职权收集证据、调查事实。这一原则植根于社会主义国家的宪法或民事诉讼法中，如苏俄《民事诉讼法典》第118条规定，法院有权在必要时自行主动地搜集证据；[②]苏俄著名法学家克列曼在《苏维埃民事诉讼》一书中也曾写道："在苏维埃的民事诉讼中，当事人在确定案件事实方面的主动性是由法院的主动性加以补充的，法律责成法院必须要'用尽一切方法查明诉讼当事人的真实权利和相互关系……帮助查明为解决案件所必需的重要情况'（苏俄《民事诉讼法典》第5条）。"[③]由于客观真实的调查依赖于所有证据的使用，因此，与其他大陆法系的国家一样，苏联的民事证据法律制度中也不存在任何证据排除规则，[④]自然也没有所谓的非法证据排除，取证行为合法与否对证据的可采性也没有影响。

第二节 20世纪中期之后的转折

虽然在20世纪中期，美国判例法中已经确立了非法证据排除的规则，但是这一个规则大都适用于刑事诉讼中，用以针对警察通过非法方式获取的证据。在民事诉讼领域，大多数法院基本上还是严格遵守着普通法传统中那套以相关

---

① See J. Alex Morton, *Civil Procedure in the U. S. S. R.*, Case W. Res. J. Int'l L., Vol. 7:2, p. 211 - 228(1975).

② 参见[苏]克列曼：《苏维埃民事诉讼》，法律出版社1957年版，西南政法学院诉讼法教研室1985年编印版，第11页。

③ [苏]克列曼：《苏维埃民事诉讼》，法律出版社1957年版，西南政法学院诉讼法教研室1985年编印版，第11页。

④ See J. Alex Morton, *Civil Procedure in the U. S. S. R.*, Case W. Res. J. Int'l L., Vol. 7:2, p. 211 - 228(1975).

性理论为主导的证据可采性规则。[①] 直到1958年，密歇根州 Lebel v. Swincicki 案的出现，才打破了有关判例为非法证据排除规则创设的适用范围，开创了非法证据排除规则在民事诉讼程序中适用的先例。

这是一宗涉及意外死亡损害赔偿的民事案件。原告诉称被告因为醉酒对交通事故存在过失，并提供了专家的证词作为证据。该份证词内容是关于事故发生后从没有意识的被告身上提取的血液分析结果。初审法院采纳了该证据，并作出了有利于原告的判决。被告不服，提起上诉。在上诉审中，密歇根州最高法院认为，从一个没有意识的人身上提取血液作分析侵犯了该主体的权利，因此，基于对该血液分析作出的证词不应当作为证据使用。虽然这个案件最后由于其他的证据亦足以认定被告的过失，上诉法院维持了初审法院作出的判决，但是在上诉审中，密歇根州最高法院将专家作出的血液分析报告予以排除，这一做法被视为是将非法证据排除规则的适用范围从刑事诉讼领域延伸到了民事诉讼领域。从效果来看，密歇根州最高法院的这一做法在当时似乎并没有获得认可。判决作出后，很快就有声音对这种扩张适用提出了质疑，认为 Weeks 案确立的非法证据排除规则实际上是排除了与案件有关的重要证据，不利于（甚至在一定程度上阻碍）查明案件真相，因此，应该要严格限制这一规则的适用范围。

在普通法的传统中，原则上所有与案件有相关性的证据都应当允许使用，只有出现以下两种情况才存在例外：一是通过排除非法获取的证据来监督执法机关。二是充分保护被告的基本权利不受任何侵犯。密歇根州最高法院认为 Lebel 案类似于被告被迫接受身体检查的情形，因此认定 Lebel 案侵犯了被告的宪法权利。一些学者对这种类比提出质疑，认为 Lebel 案中原告只是提出了一个由警方在被告无意识时获得的证据，在该案中并不存在任何强迫的因素。

---

① E. g., People v. Defore, 242 N. Y. 13, 23 (1926); Charles B. Robson Jr., *Evidence—Admissibility in Civil Actions of Evidence Illegally Obtained by Private Persons*, N. C. L. Rev., Vol. 43:3, p. 608 - 616 (1965); McColl v. Hardin, 70 S. W. 2d 327 (Tex. App. 1934); People v. Richter's Jewelers (1943); People v. Appelbaum, 01 N. Y. 738, 95 N. E. 2d 410 (1950), See Wayne O. Soldberg, *Evidence-Searches and Seizures—Admissability in Civil Case When Illegally Obtained by Private Persons*, North Dakota Law Review, Vol. 41:4, p. 559 - 561 (1964).

Weeks案确立的非法证据排除原则虽然旨在预防公民的个人权利受到侵害,但是并不利于甚至阻碍了查明案件的真相。因此,将这一规则适用于民事诉讼中,尤其是证据并非通过不合理的方式获得的民事诉讼案件,是非常不合适的。这种延伸可能保护了被告的宪法权利,但是客观上可能也会损害原告获得公正赔偿的损害赔偿权。虽然在Lebel这个案件中,由于还有其他的证据证明被告的过错,从而导致初审判决没有被推翻,但是如果原告的诉求仅仅只有被排除的证据能支持,那么非法证据排除规则的延伸适用就会导致裁决不公。①

第三节 争论:刑事非法证据排除规则能否延伸适用于民事诉讼

一、普通法系国家的司法困境:以美国为例

Mapp案将联邦最高法院确立的非法证据排除规则延伸适用于美国各州,对非法证据排除规则的发展具有重大意义,但与此同时,该案也给美国司法实践留下了一个悬而未决的问题——非法证据排除是否也可以适用于民事案件?这成为联邦最高法院将非法证据排除规则延伸适用至各州之后,各州不得不面对的一大难题。

(一)私人非法获得的证据能否在民事诉讼中使用

虽然1958年Lebel案开启了将非法证据排除规则从刑事案件延伸适用至民事案件的先河,但该案毕竟只是美国一个州法院的判例,因此影响力并不大。事实上,在1961年Mapp案判例作出之前,许多法院都倾向于遵循1921年

① See Robert E., Shepherd J R., *Admissibility of Illegally Obtained Evidence in a Civil Case*, Wash. & Lee L. Rev., Vol. 17:1, p. 155 - 160(1960).

Burdeau v. McDowell 案的裁判意见,[①]认为基于宪法修正案的非法证据排除旨在威慑政府机构的执法人员,因此只要非法证据不是由执法人员获得的,则应当允许使用。[②] 除了刑事诉讼,这一规则同样也适用于私人之间的民事诉讼。如在 1946 年一宗涉及小孩监护权纠纷的案件(Munson v. Munson)[③]中,被告(丈夫)无意中发现原告(妻子)写给他人的情书,遂趁原告不注意拿走该信件并作为证据用于诉讼,证明原告(妻子)与其他男子有染。加利福尼亚州最高法院认为根据普通法原则可以使用这封信。再如,在 1951 年的一宗因车祸而产生的损害赔偿诉讼(Walker v. Penner)[④]中,被告逃逸后,原告在被告的汽车上发现并带走了一个空威士忌瓶和一个酒瓶。诉讼中被告要求排除该证据,一审中法院批准了被告的请求,但最后俄勒冈州最高法院认为这些证据可以使用,原因在于非法证据排除规则只适用于刑事和准刑事诉讼,宪法修正案禁止的不合理搜查和扣押只针对国家,而不针对个人。

1. Sackler v. Sackler(1962)[⑤]

原告诉请与妻子离婚,并提交妻子与他人通奸的证据。诉讼中,被告以该证据系原告与私家侦探未经许可擅自进入被告家中获得的为由,向法庭申请排除使用该证据。初审法院审查后认为原告的行为违反了公民权利法案以及宪法修正案,以 Mapp 案确立的排除规则也适用于民事诉讼中私人违法获取的证

---

① Burdeau v. McDowell,256,U. S. 456(1921). 该案上诉法院多数意见认为,基于宪法第四修正案的排除规则意在限制主权当局的活动,而不是为了限制非政府机构,因此,个人非法获取的证据可以在刑事诉讼中适用,原因在于排除此类证据对阻止政府侵犯公民在宪法第四修正案中的权利没有任何帮助。

② E. g. , Burdeau v. McDowell, 256, U. S. 456 (1921). See Charles B. Robson Jr. , *Evidence—Admissibility in Civil Actions of Evidence Illegally Obtained by Private Persons*, N. C. L. Rev. , Vol. 43:3, p. 608 – 616 (1965); People v. Richter's Jewelers (1943); People v. Appelbaum, 01 N. Y. 738, 95 N. E. 2d 410 (1950); Stapleton v. Superior Court (1968); *Mapp v. Ohio and Exclusion of Evidence Illegally Obtained by Private*, The Yale Law Journal, Vol. 72:5, p. 1062 – 1075 (1963). 除此以外,很多法院还以基于宪法修正案而产生的非法证据排除规则仅限于刑事诉讼为理由,拒绝将非法证据排除规则适用于民事诉讼,See E. g. , People v. Defore, 242 N. Y. 13, 23 (1926); McColl v. Hardin, 70 S. W. 2d 327 (Tex. App. 1934); People v. Richter's Jewelers (1943); People v. Appelbaum, 01 N. Y. 738, 95 N. E. 2d 410 (1950).

③ 116 P 2d 268 (California 1946).

④ 227 P 2d 310 (Oregon 1951).

⑤ Sackler v. Sackler, 33 Misc. 2d 600 (1962).

据为由排除了原告的证据。但在上诉审中，纽约州上诉法院审判庭以 5：2 的表决结果认为应当允许使用原告及其私家侦探非法获取的证据。

在裁判结果表决过程中，上诉法院少数派的法官认同初审法院的意见，认为联邦最高法院在 Mapp 案中并没有对排除规则的适用对象是公职人员获取的证据抑或私人获取的证据进行区分，因此，该案应当遵循 Mapp 案创设的先例，排除原告非法获取的证据。另外，Mapp 案的裁判原理也可以为民事诉讼中排除使用当事人违法获得的证据提供理论依据。换言之，虽然 Mapp 案的判决并没有直接确立在民事诉讼中应当排除当事人通过违法手段获得的证据这一规则，但是该案的裁判理由可以延伸用于证明这种排除的正当性：Mapp 案明确表明所有违反宪法搜查扣押获得的证据在州法院也不得使用。Burdeau 案确立的私人属于排除规则之例外的判例已经被 Elkin 案推翻，因此需要一个统一的排除规则来保障宪法第四修正案中的权利；此外，纽约公民权利法案和宪法第四修正案一样，都禁止不合理的搜查和扣押行为，而且这种禁止依法适用于私人和公职人员。在 Mapp 案中，高等法院认为，牺牲一些刑事诉讼来维护宪法权利的代价并不高，因此，在民事诉讼中，也可以合理的牺牲原告的利益来保护公民权利法案中类似性质的权利。根据这一推理逻辑，也应当排除原告非法获得的证据。

与此相反，多数派法官则认为 Mapp 案并未表明可以将刑事诉讼中的非法证据排除规则延伸适用于民事诉讼，用于排除私人非法获得的证据。《联邦宪法》或者其他制定法并没有要求法庭拒绝使用这种本身就有效的证据。基于宪法第四修正案的历史渊源，非法证据排除应当只限于政府官员的行为和诉讼程序，旨在约束政府官员对私人住宅和私人生活的非法入侵。Mapp 案的判决仅对政府官员非法搜查获取的证据有约束力，但对于私人非法获得的证据没有约束力。另外，在一些非刑事诉讼程序或民事诉讼程序中，对于政府公职人员违法获取的证据，法院也允许使用，没有使用排除规则予以排除，理由在于法官认为联邦宪法第四修正案禁止的非法搜查和扣押只适用于刑事诉讼程序，这些证据虽然是由政府公职人员非法获得的，但是由于不是出现在刑事诉讼程序中，因此应当允许使用。

2. Del Presto v. Del Presto(1966)[①]

这是 1966 年发生于新泽西州的一宗离婚案。妻子和私家侦探暴力闯入丈夫情人的住宅获得丈夫与他人通奸的证据。在诉讼中,丈夫向法院申请排除该证据。作为初审法院的新泽西州高等法院最后以 Mapp 案确立的排除规则同样适用于民事案件中非政府执法人员进行的搜查扣押为由,支持了丈夫的申请,但是后来上诉法院撤销了初审法院的决定,并采纳了妻子提供的证据。

但与此同时,也有些法院坚持认为非法证据排除应当延伸适用于民事诉讼。

3. Williams v. Williams(1966)[②]

1966 年,在俄亥俄州的一宗离婚案中,丈夫从前妻的汽车里窃取了四封私人信件作为证据,据以动议请求法院重新审理双方的离婚案,但前妻以该证据系其前夫非法窃取获得的为由,请求法院排除使用。最后法院认定,《联邦宪法》和《俄亥俄州宪法》中都规定了公民的人身、住宅、文件和财产不受不合理的搜查扣押,虽然该规定主要是针对政府执法机构的非法搜查扣押,但是没有人能比政府拥有更大的权力,任何人都没有权力非法扣押他人的文件。如果联邦政府或俄亥俄州政府不能在诉讼中使用非法扣押的文件的话,那么个人以同样行为获得的证据也不应享有更大的特权。

(二)执法机关非法获取的证据能否在民事诉讼中使用

执法人员违反了宪法修正案获得的证据在民事诉讼中能否使用?有些法院基于排除规则旨在针对执法机关的理由,认为执法机关非法获取的证据也不可以在民事诉讼中使用,如在 1967 年的 Dixson v. New York 案中,Dixson 因公共醉酒而被纽约州警察逮捕,并在没有被告知拥有保持沈默宪法权利的情况下被拍照并接受了讯问。后在刑事审判中,Dixson 被认定无罪。为此他以虚假逮捕和监禁为由提起民事赔偿。在诉讼中,纽约州试图提交此前警方与 Dixson 的

---

① Del Presto v. Del Presto, 97 N. J. Super. 446 (1967), 235 A. 2d 240.

② Williams v. Williams, 8 Ohio Misc. 156 (1966).

谈话记录作为证据,但最后法院认为该证据无效,不得在民事诉讼中使用。但有些法院则坚持认为,宪法修正案确立的非法证据排除规则只适用于刑事诉讼,因此执法机关非法获取的证据可以在民事诉讼中使用。①

在1976年一宗涉及支付税金的民事诉讼——United States v. Janis 案中,联邦政府提供了警方查获的信息作为主张税金的证据,而该信息系警方根据有瑕疵的搜查证查获的,但联邦最高法院最后并没有排除该证据。原因在于,联邦最高法院认为,将一个州执法人员非法获得的证据从联邦的民事诉讼中排除出去,并不表明该排除具有制止州警察的这种行为的充分可能,从而超过了排除所引起的社会成本。

二、大陆法系国家的司法应对:以德国为例

除了美国,自20世纪50年代开始,大陆法系国家也因应司法实践之需要逐渐开始关注非法证据在民事诉讼中的可采性问题,以德国为例:

1955年西柏林上诉法院受理的一宗离婚案件中,丈夫将其与妻子的对话私自录音并作为证据使用,但遭到妻子的反对。对此,法院认为,通常情况下,未经他人许可擅自录音将侵犯他人受宪法保护的隐私权,但是隐私权又不是绝对的,它往往受限于更高的价值。在该案中,法院最后认为妻子在录音对话中表示其将作伪证,该录音的使用有利于督促妻子在诉讼中如实作证,因此没有排除该录音;但与此同时,法院也要求丈夫不得将该录音用于诉讼以外的其他用途。②

同样,在1970年另外一个离婚案件中,夫妻双方因为感情问题已经分居,但丈夫雇人在妻子的房间安装了监控器监视妻子日常的言行。诉讼中,丈夫申请该监视人作证。法院同样采纳了该证人证言,但是后来德国联邦最高法院在

---

① McColl v. Hardin, 70 SW 2d 327, 329 (1934); Martin v. United States, 227 F. 2d 785, 786 (1960).

② N. J. W. 26 (W. Berlin C. A. 1955). See Hans W. Baade, *Illegally Obtained Evidence in Criminal and Civil Cases: A Comparative Study of a Classic Mismatch II*, Texas Law Review, Vol. 52:4, p. 621 -702 (1974).

判决中推翻了初审法院的上述做法。在判决中,联邦最高法院指出,法律秩序保障个人人格发展所需的内在私人领域,这包括住宅的不可侵犯性。除非是基于重大的公共利益或私人利益,否则对私人领域的侵犯将构成对一般人格权的侵犯。基于这个逻辑,联邦最高法院还否定了西柏林上诉法院在离婚案件中允许将配偶的谈话录音作为证据使用的做法,认为除非是妻子犯有严重的罪行,否则不应当对其言行进行监听监视。法律不允许配偶通过严重违反婚姻义务的行为获得任何好处。否则,在现实意义上会构成对这种不诚信行为的鼓励。①

第四节 本章小结

基于前述的考察,可以发现,20 世纪中期以前,在普通法系国家的民事诉讼中,取证手段合法与否不影响证据的可采性;而在属于大陆法系的欧陆国家,虽然个别国家(如意大利)在司法实践中注意到了该问题,但由于受罗马法和日耳曼法的影响,大多数国家的民事证据制度基本都未涉及这个问题。苏联的东欧社会主义国家由于意识形态的原因,民事诉讼制度极其追求客观真实,在这一理念之下,非法证据的可采性问题基本也未受到关注,民事法律制度中对此更是没有任何规定。20 世纪中期以后,随着非法证据排除规则在刑事审判中的确立及发展,非法证据在民事诉讼中的可采性问题才逐渐获得关注。在这一问题上,争议最大的就是刑事非法证据排除规则能否扩张适用于民事诉讼。虽然分别以美国和德国为代表的两大法系国家都不约而同地先后确立了刑事非法证据排除规则,但是从司法实践来看,无论是美国抑或德国,对于非法证据排除能否适用于民事案件的问题都没有一个确切的答案。围绕司法实践上的这一困境,理论界也跃跃欲试,试图从不同角度对民事诉讼中适用非法证据排除规则的正当性进行论证,具体内容将在下一章中予以阐述。

---

① N. J. W. 1848 (W. Ger. Fed. (Sup.) Ct. 1970). See Hans W. Baade, *Illegally Obtained Evidence in Criminal and Civil Cases: A Comparative Study of a Classic Mismatch II*, Texas Law Review, Vol. 52:4, p. 621 -702(1974).

第五章　民事诉讼中非法证据排除的正当性根据

关于非法证据在民事诉讼中是否应予以排除的问题，理论上主要有三种观点与立场：肯定派：非法证据在民事诉讼中应当予以禁止或排除使用。反对派：非法证据排除规则不适用于民事诉讼领域，非法证据在民事诉讼中不应当禁止或排除使用。换言之，非法证据在民事诉讼中具有可采性。折中派：非法证据在民事诉讼中是否予以排除，不宜采取一刀切的做法，应当视个案情况区别对待。本章主要从理论层面分别对赞成及反对在民事诉讼中实行非法证据排除的主张展开讨论。

第一节　赞成派：非法证据在民事诉讼中应予以排除

一、威慑论：预防违法

类似于刑事诉讼中非法证据排除规则的震慑理论，有意见将预防违法行为作为支持民事非法证据排除的论据。这一论据的持有者通常认为，如果允许在民事诉讼中使用非法证据，则会成为鼓励当事人违反法律的一个诱因。[①] 基于此,为了达到全面预防违法的效果,有必要在程序法中禁止使用非法获得的证据。[②] 通过在诉讼中禁止使用非法获得的证据,可以向社会公众表达一种立场——法律不认可、不赞同非法取证的行为。如此,行为人在实施取证行为之前会进行利弊权衡,从而有利于有效抑制社会上的非法行为。

虽然震慑理论是支撑美国非法证据排除规则的一个重要理论,但是由于这一规则的适用主要在刑事诉讼领域,考虑到刑事诉讼与民事诉讼在性质、目的、任务等方面存在诸多差异,因此,在考虑是否将这一规则引入民事诉讼时,需要考虑在民事诉讼中,如果不排除非法证据,是否就等于鼓励非法行为。从制度的起源来看,非法证据排除规则的出现与发展很大程度上是为了抑制包括警察在内的执法机关的非法取证行为,从而避免公民的个人权利受到公权力的侵害。在刑事诉讼中,进行搜查取证的通常是以警察为代表的国家执法机关,公民个人与国家公权力之间力量悬殊,公民的权利如果受到公权力的侵犯,难以与之对抗或者及时获得救济。因此,为了充分保障公民个人的合法权利,对公权力的行使进行限制已成为当今宪法、刑事诉讼法的一个重要内容。基于这个逻辑,出于阻吓执法机关违法行使公权力的目的,在刑事诉讼中适用非法证据排除规则似乎顺理成章。

与刑事诉讼不同,民事诉讼中的当事人是地位平等的私主体。在诉讼中收集证据的主体是诉讼当事人本人或其代理人,或者是受当事人委托的案外人。无论如何,在民事诉讼中,取证主体一般不涉及国家公权力机关,取证行为一般也不涉及国家公权力的行使。鉴于在民事诉讼中进行证据收集活动的主体大多是私主体,如果行为人在进行取证过程中出现了违法、侵权的行为,相较于刑

---

① Gottfried Baumgärtel, Treu und Glauben, gute Sitten und Schikaneverbot im Erkenntnisverfahren, ZZP 69(1956), S. 103, 104; Kaissis, Die Verwertbarkeit materiell rechtswidrig erlangter Beweismittel im Zivilprozess, Peter Lang AG, Internationaler Verlag der Wissenschaften, 1978, S. 52. 转引自 Bettina Nunner-Krautgasser & Philipp Anzenberger, *Inadmissible Evidence: Illegally Obtained Evidence and the Limits of the Judicial Establishment of the Truth*, in Vesna Rijavec, Tomaž Keresteš, and Tjaša Ivanc eds., Dimensions of Evidence in European Civil Procedure, Wolters Kluwer, 2015, p. 199.

② Grünwald, Beweisverbote und Verwertungsverbote im Strafverfahren, JZ 1966, S. 491.

事诉讼中权利受到侵犯的个人,受害人更容易获得相应的救济。从这个意义来讲,是否有必要在民事诉讼中通过排除非法证据来阻吓、预防私人的违法行为,这是值得怀疑的。另外,威慑论预设了一个前提,即当事人取证时知道其行为不合法,但主观上仍有违法取证的意愿,但实践中,每个潜在的诉讼当事人是否都能够对自己的取证行为作出这种法律评估,甚至在收集证据时是否会考虑该证据将来在诉讼中的可用性,这也值得怀疑。① 诚然,在诉讼中禁止、排除使用非法证据可以表明立法、司法否定非法取证行为的立场,但在逻辑上,无论是震慑理论抑或预防违法效果,其主张都是基于同一个预设前提,认为纯粹依靠实体法的制裁并不足以阻吓当事人做出实质性的违法行为。然而,从诸多立法、司法实践来看,实体法对违法行为的惩罚在很多案件中是可以达到预防效果的(如实践中,私人通过酷刑取证的例子就极为少见),因此,是否有必要在程序法上再设置一种额外的处罚值得深思。而且,威慑效果与非法证据不具可采性之间是否具有必然的关系,这也是有待进一步探讨的问题。在没有准确统计数据或是实证研究结果证明的前提下,很难认定在民事诉讼中排除非法证据与阻却非法行为之间存在对应关系。

值得一提的是,在民事诉讼中禁止使用非法证据,不仅体现了立法、司法者对非法取证行为的一种否定性评价,而且在效果上等同于在程序上对非法取证行为进行的一种惩罚,因为它在一定程度上限制或者剥夺了当事人在诉讼中的证明权。然而,需要注意的是,在现代实体法与程序法的二元论之下,实体法与程序法有着不同的分工与任务。正如边沁所言,在性质上,程序法是实体法的附属法,其目的是保障实体法得到充分的贯彻和执行。② 因此,程序法通常是作为实现实体性权利的方法以及在这种权利受到侵犯时的一种救济手段而出现。基于此,对违反实体法行为的制裁应当属于实体法的范畴与任务,不应当由程

---

① Dzenefa Celikovic, Beweisverwertungsverbote im digitalen Zeitalter, Masterarbeit der FernUniversität in Hagen, 2019, S. 8.

② See Jeremy Bentham, *The Works of Jeremy Bentham*, *vol.* 6, William Tait, 1843, p. 7.

序法来承担这一任务。[①] 换言之,不应当通过在程序上限制证明权来惩罚一些违法行为。

二、法秩序统一论:维护法律制度的统一

法秩序的统一性也是排除民事非法证据支持者经常提出的另外一个论据。这一论据最初是由德国学者克尔纳(Kellner)提出来的。1950年,在一篇关于非法获得的信件的可采性的论文中,克尔纳指出,基于法律秩序统一的理论,诉讼中不得使用非法获得的书信的论据。[②] 此后这一论据被许多欧陆的学者[如意大利学者阿洛里奥(Allorio)[③]、西班牙学者席尔瓦·梅莱罗(Silva Melero)[④]、德国的西格特(Siegert)[⑤]和伦克纳(Lenckner)[⑥]等)]接受,并用作支持非法取得的证据不具有可采性的论据。这一主张的论者认为,程序法与实体法皆是法律秩序的一部分,对同一个行为采用两种评价标准违反了法律秩序的统一性。[⑦] 法律秩序中设定了各种制度来保障公民的个人权利,这种保障不仅体现为正面的确认与落实,还包括禁止他人侵犯公民的权利。如果允许在诉讼程序中使用非法获取的证据,这在法律上是一种不一致的矛盾行为。[⑧] 在强调法律秩序统

---

① G. E. Kodek, Rechtswidrig erlangte Beweismittel im Zivilprozess: eine Untersuchung der österreichischen, deutschen und amerikanischen Rechtslage, MANZ Verlag Wien, 1987, S. 107.

② Hans Kellner, Verwendung rechtswidrig erlangter Briefe als Beweisurkunde in Ehesachen, JR (1950), S. 270; G. E. Kodek, Rechtswidrig erlangte Beweismittel im Zivilprozess: eine Untersuchung der österreichischen, deutschen und amerikanischen Rechtslage, MANZ Verlag Wien, 1987, S. 96.

③ Enrico Allorio, *Efficacia giuridica di prove ammesse ed esperite in contrasto con un divieto di legge?*, in Giur. it., 1960, p. 870 – 871.

④ V. Silva Melero, *La prueba procesal Tomo I.*, Revista de derecho privado, 1963, p. 68 – 69.

⑤ Karl Siegert, Die außergerichtlichen Tonbandaufnahmen und ihre Verwertung im Zivilprozeß, NJW 19 (1957), S. 689.

⑥ Theodor Lenckner, Aussagepflicht, Schweigepflicht und Zeugnisverweigerungsrecht, NJW 8 (1965), S. 323.

⑦ Athanassios Kaissis, Die Verwertbarkeit materiell-rechtswidrig erlangter Beweismittel im Zivilprozess, Peter Lang, Frankfurt am Main, 1978, S. 53.

⑧ See Bettina Nunner-Krautgasser & Philipp Anzenberger, *Inadmissible Evidence: Illegally Obtained Evidence and the Limits of the Judicial Establishment of the Truth*, in Vesna Rijavec, Tomaž Keresteš and Tjaša Ivanc eds., Dimensions of Evidence in European Civil Procedure, Wolters Kluwer, 2015, p. 197.

一性的论者看来，“非法”是法律秩序中特有的一个概念，非法行为在程序上的效果只能是无效。德国学者克尔纳、西格特和伦克纳等人甚至认为，鉴于法律秩序的统一性，对一个违反实体法的行为只能由程序法来评价。① 因此，在他们看来，立法者甚至没有必要在宪法中规定证据禁止，因为基于程序法应当符合国家基本法之要求，完全可以通过对程序规范的解释得出非法证据不具可采性的结论。②

与法律秩序的统一性理论相反，分离理论主张实体法与程序法之间存在本质的区别。基于此，分离理论往往也构成反驳上述主张的一个有力论据。主张实体法与程序法有别的论者认为，实体法是对程序之外的行为进行价值评价，旨在保障他人的合法权益；程序法则是针对与诉讼活动有关的行为进行调整，以确保程序的安定有序。基于此，如果一个取证行为不合法，甚至可能会受到惩罚，但没有额外的程序制裁（证据被禁止使用），并不会破坏法律秩序的统一性。③ 此外，针对法秩序统一论者提出的在程序中允许使用非法证据会破坏法律制度的统一性，有反对意见认为，事实上，诉讼法自身的许多规定就是违反法律统一的。譬如，有些实体法规定，一些主体基于身份或职业原因对某些信息负有保密的义务，但是程序法却规定这些人士只是享有作证的豁免权。当这些人士违反保密义务作证时，依照相关实体法的规定可能要受到处罚或者承担损害赔偿责任，但是法律并不排除使用这些证人证言。④ 因此，分离理论的论者认为，除非程序法本身作出例外规定，否则非法获得的证据应该都可以使用。⑤

---

① Isabel Alexandre, *Provas Ilícitas em Processo Civil*, Coimbra, Livraria Almedina, 1998, p. 189.

② Isabel Alexandre, *Provas Ilícitas em Processo Civil*, Coimbra, Livraria Almedina, 1998, p. 189.

③ G. E. Kodek, Rechtswidrig erlangte Beweismittel im Zivilprozess: eine Untersuchung der österreichischen, deutschen und amerikanischen Rechtslage, MANZ Verlag Wien, 1987, S. 96.

④ G. E. Kodek, Rechtswidrig erlangte Beweismittel im Zivilprozess: eine Untersuchung der österreichischen, deutschen und amerikanischen Rechtslage, MANZ Verlag Wien, 1987, S. 97.

⑤ See Bettina Nunner-Krautgasser & Philipp Anzenberger, *Inadmissible Evidence: Illegally Obtained Evidence and the Limits of the Judicial Establishment of the Truth*, in Vesna Rijavec, Tomaž Keresteš and Tjaša Ivanc eds, Dimensions of Evidence in European Civil Procedure, Wolters Kluwer, 2015, p. 198.

德国学者蔡司(Zeiss)①、迪尔彻(Dilcher)②认为,实体违法行为乃法律不认可的行为,其目的在于维护合法财产,但并不能从中得出其在程序上效果的任何结论。如偷来的文件并不意味着该文件不能在诉讼中被用作证据。③ 意大利学者科德罗(Cordero)也认为不能因为取证行为违反了实体法而导致证据在程序中不具有可采性。他强调,这并不意味着将违反实体法的行为合法化。相反,非法性仍然存在,因为它违反了实体法的规定,但不能仅仅因为违反了实体法而在程序上规定其不具有可采性。④

由上述可见,在实体法与程序法分离论者的质疑下,法律秩序统一性理论不仅不能为非法证据在民事诉讼中应予以排除提供一个充分的论据,恰恰相反,该论据似乎还为非法证据在民事诉讼具有可采性的论断提供了依据。理由在于,在诉争案件中,除了一方非法取证侵犯另一方当事人合法权益的情形,还存在其他权利受到侵犯的情形(诉争案件争议的标的)。这些权利也属于法律秩序的一部分,因此,如果不考虑具体个案,对非法证据一律予以排除,则恰恰会破坏了法律秩序的统一性。如某一非法证据被用以证明当事人权利受侵害的事实时,在非法证据排除规则予以适用的情形下,受害人有可能会因为证据不足,诉求无法得到支持,从而使被侵害的权利得不到救济。

三、不法行为不产生权利

拉丁谚语有云,不法行为不产生权利(Ex injuria jus non oritur)。欧洲一些学者认为,任何人都不能从其不法行为中获益,并以此作为赞同将非法证据排除规则适用于民事诉讼程序,禁止或者排除非法证据在民事诉讼中使用的一个理由与论据。

---

① Walter Zeiss, Die Verwertung rechtswidrig erlangter Beweismittel, ZZP (1976), S. 382.

② Dilcher, Hermann, Die Prozessuale Verwendungsbefugnis, Ein Beitrag Zur Lehre Vom Rechtswidrigen Beweismittel, Archiv Für Die Civilistische Praxis, Vol. 158:5/6(1959), S. 470, 471.

③ Isabel Alexandre, *Provas Ilícitas em Processo Civil*, Coimbra, Livraria Almedina, 1998, p. 190.

④ Franco Cordero, *Tre studi sulle prove penali*, Milano, Giuffrè, 1963, p. 147.

早在20世纪30年代,意大利法学家卡内卢蒂(Carnelutti)在评论米兰上诉法院在1935年4月就Vigo/Formenti一案作出的判决时,曾就非法获取的文件在民事诉讼中的可采性问题指出,法律制度不允许任何人在法庭上使用由对方持有的文件作为证据。任何人都无权在法庭上出示该文件,除非该出示是通过行政命令进行的或者是因为对方当事人拒绝出示而导致等同于出示的效果。换言之,当证据持有人拒绝出示该证据时,法律赋予了法官作出不利于证据持有人推定的权力。这意味着,尽管公平公正解决争议的整体利益和可能因提交文件而受到损害的当事人利益之间存在冲突,但法律并没有通过制裁后者迫使其作出牺牲来解决这场冲突,而仅仅是通过设定负担来解决。顺着上述逻辑,卡内卢蒂认为可以推出出示非法获得的文件的行为是无效的。卡内卢蒂指出,早在19世纪中期,意大利的法律就规定了任何人不得基于一个非法的行为获得更大的利益。① 基于此,非法获得他人财产的个体不能因其不法行为获益,其违法获得的财产自然也不得在诉讼中作为证据使用。② 在卡内卢蒂看来,允许当事人通过非法行为在诉讼中获得更多的优势,这是非常荒唐的。因此,认定出示非法获得的书面证据的行为无效是法律秩序对违法行为的否定,同时也是一种恢复原状的措施及表现。③

西班牙学者蒙顿·雷东多(Monton Redondo)认为,④录音可以被视为一种书面证据,但考虑到西班牙法律只对书面文件作出了明确规定,因此,将这些规则类比适用于录音证据时应当谨慎。如果录音是非法取得的,在质疑其在程序中的效力时,需要特别考虑到录音的特殊性。在蒙顿·雷东多看来,不能将判例法确定的非法获得的文件在程序上不具有可采性的原则类推适用于录音。原因在于,在非法取证行为发生之前,有关书面文件已经客观存在,而录音则不

---

① F. Carnelutti, *Illecita produzione di documenti*, in Riv. dir. proc. civ., 1935, p. 63.

② See Stephen A. Scott, *Admissibility of Illegally Obtained Evidence in Noncriminal Proceedings*, Fla. L. Rev., Vol. 22:1, p. 38 – 58 (1969); Isabel Alexandre, *Provas Ilícitas em Processo Civil*, Coimbra, Livraria Almedina, 1998, p. 195 – 196.

③ Isabel Alexandre, *Provas Ilícitas em Processo Civil*. Coimbra, Livraria Almedina, 1998, p. 195 – 196.

④ See Alberto Montón Redondo, *El valor probatorio de las grabaciones magnetofónicas*, Revista de derecho privado, Vol. 57:11 (1973), p. 1001 – 1017.

然。录音是通过违法行为制作而成。换言之,对于非法获得的书面文件而言,非法行为只是将一个已经客观存在的东西转化为证据,但在非法录音的证据中,证据是通过非法行为制作生成的。蒙顿·雷东多提出这一主张的依据就是西班牙最高法院1869年判例法所确立的原则——任何人不能从其违法行为中获益。在他看来,由于一个秘密地录制他人话语的好处是显而易见的,因此,只要该录制行为是非法的,则获得的证据便应当由法官宣布无效。

但是这一主张也遭到了一些质疑与批评。批评者认为,无论非法证据是在诉讼程序中抑或在诉讼程序之外获得的,在获得该证据之前,很难判断该证据对哪一方的当事人有利。事实上,非法证据并非一定都有利于证据的持有人或提出人,①因此,以此来否认非法证据在民事诉讼中的可采性难以成立。而且,撇开上述质疑不谈,当非法证据的确有利于使证据提出者在诉讼中获得优势地位,举证人确实可以从该非法证据中获得利益时,这是否足以否定非法证据在民事诉讼中的可采性?答案显然是否定的。正如奥地利学者科德克(Kodek)指出的那样,除了民事或刑事法律所规定的制裁外,该主张的论者并没有为程序性制裁的合理性提供充分的理由。事实上,法律体系中的民事或者刑事法律规范已经足以惩罚当事人非法获取证据的行为。② 从科德克的上述意见亦不难看出,在他看来,对当事人非法取证行为的制裁与惩罚始终是实体法的职责。

四、权利保护理论

随着近现代宪法学理论的发展,通过非法手段获得或形成的证据的有用性,与作为宪法核心的基本价值——保障公民权利形成了鲜明的对比。正如上一章所指,对公民个人及其基本权利的保护已经成为现代社会禁止使用非法证据的一个理由,这也是当今大多数人主张在刑事诉讼以外的其他程序也适用非法证据排除的重要论据。这一理念在一些国际条约中也得到认可与体现,典型

---

① Isabel Alexandre, *Provas Ilícitas em Processo Civil*, Coimbra, Livraria Almedina, 1998, p. 201.

② G. E. Kodek, Rechtswidrig erlangte Beweismittel im Zivilprozess: eine Untersuchung der österreichischen, deutschen und amerikanischen Rechtslage, MANZ Verlag Wien, 1987, S. 106, 202.

的例子就是联合国大会1984年通过的《联合国禁止酷刑公约》第15条中明确规定,禁止任何缔约国在任何诉讼程序中使用以业经确定以酷刑取得的口供为证据。再如意大利《宪法》第13条、第14条以及后继相关条文规定,在诉讼程序中查明事实真相的利益与保护基本人权之间发生冲突时,立法者明确表示应当选择后者。退一步讲,即使非法证据对于查明真相是必不可少的,但这一目的也不能以损害诉讼中有关主体的自由权利为代价。[①]

基于非法证据排除规则的产生与发展历史,一些美国学者认为,在宪法层面,所有人都拥有一些天生固有的、不可剥夺的基本权利,即使宪法中没有具体详细地列举这些权利,但它们仍然存在。[②] 公民个人的权利不是源自政府机构,也不是源自州政府、联邦政府抑或宪法,它们是人固有并为宪法所确认的。[③] 从起源来看,宪法第四修正案的设立旨在保护所有人,而不仅仅限于被控诉的犯罪嫌疑人。任何人都没有拥有比政府还大的权力,因此自然也没有非法获取他人财产的权力。如果政府都被禁止在诉讼程序中使用非法获得的财产来控告财产被非法扣押的个人,那么任何个人也应该没有这种特权。[④] 这意味着,法院拒绝使用非法搜查获得的证据旨在限制搜查扣押的行为严格遵守宪法第四修正案的规定。第四修正案禁止的非法搜查扣押是直接指向警察等政府的行为,任何人都没有比政府本身还大的权力。鉴于法律已经禁止公权力机关在诉讼中使用非法获得的证据,那么个人非法获得的证据自然也不应享有任何特权。纽约上诉法院的伯根(Bergen)法官在评议1964年的Sackler案时曾指出,对刑事和民事案件中非法获得的证据进行双重处理将导致诉讼程序上的不协调。[⑤] 该案的范·沃里斯(VanVoorhis)法官在解读Mapp案时,也认为在非法证据排

---

① Andrea Graziosi, *Usi E Abusi Di Prove Illecite E Prove Atipiche Nel Processo Civile*, Rivista Trimestrale Di Diritto E Procedura Civile 9(2011), p. 704.

② See Stephen A. Scott, *Admissibility of Illegally Obtained Evidence in Noncriminal Proceedings*, Fla. L. Rev., Vol. 22:1, p. 38-58(1969).

③ City of Dallas v. Mitchell, 245 S. W. 944, 945 (Tex. Civ. App. 1922).

④ See Stephen A. Scott, *Admissibility of Illegally Obtained Evidence in Noncriminal Proceedings*, Fla. L. Rev., Vol. 22:1, p. 38-58(1969).

⑤ He said, "the change in fundamental viewpoint and the approach to wrongfully obtained evidence have made our rule of admissibility in private cases inconsistent and discriminatory." See Sackler v. Sackler, 15 N. Y. 2d 40 (N. Y. 1964).

除问题上，不应对民事、刑事诉讼程序进行区分，也不应当因非法获取证据的主体是否为政府人员而有所区别。在他看来，根本不存在政府人员非法搜查扣押的问题，因为在非法搜查和扣押的情况下，该行为人实际上已经成为一名非法入侵者，而不是政府人员。①

在权利保护的论据之下，赞成在民事诉讼中排除非法证据的一个主要原因是对隐私权的保护。如在一些司法判例中，美国的法官将排除规则视为保护宪法第四修正案中隐私权的一种重要手段。② 美国的一些学者更是强调其他的威慑措施已无法有效阻止警察的不合理搜查，认为非常有必要将排除规则视为阻止公职人员肆意行使搜查权的一个重要组成部分。基于此，有意见认为，如果排除规则的功能旨在阻止不合理的搜查和扣押，而不是在程序上提供保障以确保审判的公正性，则使用证据的诉讼程序的性质似乎就不重要。换言之，非法排除证据规则当然可以从刑事诉讼程序延伸适用到民事诉讼程序。③

针对上述主张，也有学者提出质疑与反对，认为公权力对公民个人权利的侵犯与私人之间的侵权在性质上是有差别的。换言之，除非隐私权被视为一种绝对的权利，否则警察对隐私的侵犯和私人对隐私的侵犯不是一回事。④ 出于对极权主义的恐惧，在人类社会发展史上，人们一度极力渴求限制政府的权力，使个体的权利免于受到公权力的侵犯。正如美国法官布兰代斯(Brandeis)所指，如果政府成为违法者，将会导致公众蔑视法律，导致每个人都成为自己行为的法律制定者，从而导致无政府主义。⑤ 社会出于对公权力的恐惧，试图通过不同的手段和方式来限制政府，避免政府对个人生活进行过分的干预。美国宪法修正案第四条正是基于这样的理念创设的，其初衷旨在避免或阻止公权力对个

---

① See Stephen A. Scott, *Admissibility of Illegally Obtained Evidence in Noncriminal Proceedings*, Fla. L. Rev., Vol. 22:1, p. 38 – 58(1969).

② 367 U. S. 643, 655 – 656 (1960).

③ See Stephen A. Scott, *Admissibility of Illegally Obtained Evidence in Noncriminal Proceedings*, Fla. L. Rev., Vol. 22:1, p. 38 – 58(1969).

④ See *Mapp v. Ohio and Exclusion of Evidence Illegally Obtained by Private*, The Yale Law Journal, Vol. 72:5, p. 1062 – 1075(1963).

⑤ Olmstead v. United State, 277 U. S. 438, 485(1928).

人权利造成侵犯,由此可见,非法证据排除规则的立法初衷并未涉及私权对他人权利的侵犯问题,或者说私人对他人权利的侵犯并非一个不可控的可怕行为,没有必要通过排除规则作为惩罚私人侵犯他人权利的一种手段。退一步来说,即使隐私权是个体绝对不可侵犯的权利,在诉诸排除规则将证据予以排除这一极端的做法来阻止私人的不法侵权行为之前,也应当先考虑尝试其他成本更低的方法。①

第二节 反对派:非法证据在民事诉讼中不予以排除

与赞成派相反,反对派不赞成在民事诉讼中适用非法证据排除规则,认为当事人通过非法获得的证据应该跟其他证据一样,都可以在法庭上使用。主要理由在于:首先,当事人获取证据的非法行为发生在诉讼之外或者诉讼进行之前,跟裁判行为没有关系,因此,不应该影响该行为的效力;其次,如果真的要对该行为的效力进行评价,那么也应当是关乎民事或刑事制裁的问题。② 概言之,支撑非法证据在民事诉讼中不应当排除的理由和论据主要有以下几个。

一、查明真相论:排除阻碍查明事实

在思考非法证据在民事诉讼中是否具有可采性这个问题时,首先面临的第一个问题就是查明客观真相在民事诉讼中的地位如何。③ 早在 19 世纪时,边沁就在《司法证据原理》一书中指出,司法程序的目的包括直接目的和附属目的。

---

① See *Mapp v. Ohio and Exclusion of Evidence Illegally Obtained by Private*, The Yale Law Journal, Vol. 72:5, p. 1062 - 1075(1963).

② G. F. RICCI, *Le prove illecite nel processo civile*, Riv. trim., 1987, p. 70.

③ See Bettina Nunner-Krautgasser & Philipp Anzenberger, *Inadmissible Evidence: Illegally Obtained Evidence and the Limits of the Judicial Establishment of the Truth*, in Vesna Rijavec, Tomaž Keresteš and Tjaša Ivanc eds., Dimensions of Evidence in European Civil Procedure, Wolters Kluwer, 2015, p. 196.

其中,直接目的在于确保判决的准确性,即将实体法准确地适用于事实。[①] 就判决而言,涉及两个问题,一是法律的适用,二是事实的查明。法官准确作出裁判,除了要正确适用法律,更重要的是要查明事实。事实真相是法官准确适用法律作出准确裁判的前提。而在诉讼中,法官审理案件时,必须要借助于证据才能发现、查明事实真相,证据是法官认定案件事实的基础和依据。证据是公正的基石,排除证据等同于排除公正。[②] 也正是基于这个缘由,边沁才会在他的研究中提出证据不排除的理论。

在《司法证据原理》一书中,边沁就直言不讳地指出,不管证据排除在整体上是否有利于司法公正,但有一点是确定无疑的,即证据排除具有一定的危害性,排除所有的证据意味着排除一切公正。[③] 具体而言,排除证据危害性的大小取决于三个因素:(1)就案件争议的事实而言,当事人提供的证据是否具有唯一性;(2)当事人的性质,即被排除证据的一方是原告还是被告;(3)案件的性质,即排除证据的案件是刑事案件还是非刑事案件。在边沁看来,排除证据造成的危害性质与以上三个因素密切相关,上述每个因素不同,适用证据排除规则导致的危害结果的性质也不同。如在民事案件中,原告唯一的证据被排除,则会导致允许人们可以随意侵犯他人合法权益的不良后果;当被排除的证据是被告唯一的证据时,则会导致由被告承担不合理的或者过重的责任与义务。[④]

类似于边沁的上述观点,现代有些学者认为,在探讨非法证据的可采性问题时应当要重视排除非法证据对查明案件真相的影响。当证据的证明力大于其可能附带的危险时,应当允许使用该证据。不能轻率地认为,获取证据的手段的性质会严重影响到证据的可靠性,禁止任何形式的证据意味着对事实查明者试图查明真相手段的禁止。

事实上,一直以来,查明真相都是被用以为非法证据具有可采性进行辩护

---

① See William Twining, *Theories of Evidence: Bentham and Wigmore*, Weidenfeld & Nicolson, 1985, p. 27.

② See Jeremy Bentham, *The Works of Jeremy Bentham*, *vol.* 7, William Tait, 1843, p. 338.

③ See Jeremy Bentham, *The Works of Jeremy Bentham*, *vol.* 7, William Tait, 1843, p. 338.

④ See Jeremy Bentham, *The Works of Jeremy Bentham*, *vol.* 7, William Tait, 1843, p. 338 – 339.

的一个重要理由和论据。[1] 早在20世纪50年代,德国法学家威廉·绍尔(Wilhelm Sauer)在讨论麻醉精神分析的使用问题时,就曾经援引查明真相原则作为支持非法证据具有可采性的论据,但与此同时,他也指出调查真相并不是决定程序行为合法的唯一因素。除了要求目的合法,他还强调手段的合法性。[2] 同一时期,德国学者阿道夫·舍恩克(Adolf Schönke)在对诉讼证据的限制问题进行研究时,也谈到了调查真相的问题。[3] 在舍恩克看来,对民事诉讼中非法证据是否具有可采性的问题,不应在程序法条文中寻求答案,而应当从一些基本原则中寻找答案,这其中包括调查真相原则。在他看来,当事人在诉讼中提出非法取得的证据时,涉及法律保护的利益与非法证据所代表的利益之间的冲突。在这种情况下,必须从有利于调查真相的角度来寻求解决之道。对于侵害他人受法律保护的利益的非法取证行为,可以通过民事和刑事制裁来解决。20世纪80年代,德国另外一位法学家维尔纳(Werner)也指出,考虑到每个程序的目的都是查明真相和实现公正,因此,在没有关于非法证据可采性规则的情况下,有必要从评估证据的一般原则开始。[4] 言下之意表明,非法证据排除规则的选择必须要有充分可靠的依据。

除了欧陆学者,苏联学者斯塔列夫(Stalev)也曾经颇为关注非法证据的可采性问题。[5] 在研究中,他也将这一问题与查明真相紧密结合。在他看来,对非法证据是否具有可采性问题的回答不能一概而论,需要根据非法获得的证据是否与事实相符区别判断。当证据与事实不符时,权利因非法取证受到侵犯的一方可以提出该证据是虚假的,在其作出自认的情况下,可以准许撤回该证据;相反,如果证据与事实相符,真相(斯塔列夫认为这是司法公正的必要条件)则应

---

① Roth Alfons, Die prozessuale Verwertbarkeit rechtswidrig erlangter Beweisur-kunden. Eine Entgegnung, JR 1950, S. 715.

② Wilhelm Sauer, Allgemeine Prozessrechtslehre. Heymann, 1951, S. 138.

③ Adolf Schönke, Límites de la prueba en el Derecho Procesal, Revista de Derecho Procesal 3 (1955), S. 374.

④ Olfa Werner, Verwertung rechtswidrig erlangter Beweismittel, NJW 1988, S. 999, 1002.

⑤ See Zhivko Stalev, *Fundamental guarantees of litigants in civil proceedings: a survey of the laws of the European people's democracies*, in Mauro Cappelletti, Denis Tallon, Fundamental guarantees of the parties in civil litigation, Milano, Guiffre, 1973, p. 414.

优先于非法行为侵犯的价值。在斯塔列夫看来,不能通过一个错误的判决来对因非法取证行为受到侵害的利益进行保护,而是应当通过相关的法律对非法取证行为进行制裁。

尽管一直以来,查明真相都被视为民事诉讼的一个重要目标,但与此同时,也有学者对这一个论据提出质疑与忧虑。如意大利学者瓦萨利(Giuliano Vassalli)就指出,对真相和正义的盲目信仰,将会导致社会陷入一些危险,例如,滥用证据导致出现新形式的精神折磨。① 有葡萄牙学者更是直言不讳地表明,从绝对意义上说,调查真相的概念于今已经过时了。② 言下之意,在现代民事诉讼活动中,查明真相并非至高无上的,并不具有绝对性。如西班牙学者阿尔玛格罗·塞特(Almagro Nosette)就曾指出,诉讼过程寻求的公正是与整个法律秩序相协调的具体案件的公正解决办法,其中,首先要与法律秩序中最崇高的本质——人权的基本核心结合起来考虑。③ 德国学者蔡司亦曾表明,鉴于现代民事诉讼法中通常赋予某些证人拒绝作证的权利或规定某些证人负有保密义务,在这些情况下,对其他利益的保护往往优先于查明真相。基于这些理由,似乎很难将查明真相原则作为支撑非法证据具有可采性的正当基础。在现代诉讼中,查明真相原则是立法者赋予法官诸多调查权的基础,但不能因此断定立法机关绝对认可这一原则。而法官在寻求真相过程中往往要服从于立法机关强加的其他诸多价值。④ 正如奥地利学者科德克所说,任何一个诉讼程序都是以追求真相与正义作为目标的,但除了对真相的追求,程序性规则的设计往往还兼顾其他利益。将查明真相作为诉讼程序的目标并不足以拒绝所有的证据禁止。⑤德国学者凯西斯(Kaissis)甚至直言不讳地指出,民事程序中的真相对于非

---

① G. Vassalli, *La protezione della sfera della personalità nell'era della tecnica*, in Studi in onore di Emilio Betti, Milano, 1962, p. 683.

② Isabel Alexandre, *Provas Ilícitas em Processo Civil*, Coimbra, Livraria Almedina, 1998, p. 186.

③ José Almagro Nosete, *Garantías constitucionales del proceso civil*, Justicia: revista de derecho procesal, N°1 (1981), p. 11 -42.

④ Isabel Alexandre, *Provas Ilícitas em Processo Civil*, Coimbra, Livraria Almedina, 1998, p. 187.

⑤ Georg E. Kodek, Rechtswidrig erlangte Beweismittel im Zivilprozess: Eine Untersuchung der österreichischen, deutschen und amerikanischen Rechtslage, Manzsche Wien, 1987, S. 101.

法获得的证据的可用性而言是个中立的概念,没有任何价值;在民事诉讼中,查明真相不能无条件地优先于其他原则。①

另外,不同于上述对查明真相能否作为支持非法证据具有可采性论据的质疑,一些意见甚至认为,基于查明真相原则,非法证据更不应当具有可采性,原因在于这类证据不具可靠性。但一般认为,基于现代证据自由心证的原则,可信度并不能成为排除非法证据的一个理由。具体而言,可信性属于证明能力范畴的一个问题,可采性的有无并不依赖于可信性。在谈及未经录音人同意而私自录音的问题时,德国学者普莱尔(Pleyer)就曾明确指出,不能以这种证据不可靠为由而否认其可采性。换言之,尽管不排除通过安装等手段伪造证据的可能性,但必须要承认的是,所有证明手段都有同样的危险,都必须加以核实,除非法律明确赋予其充分的证明力。②

二、基于实体、程序法两分的替代性救济:上帝的归上帝,凯撒的归凯撒

在关于非法证据在民事诉讼中是否具有可采性的争论中,实体法与程序法的分离理论也是被用来支撑非法证据应当具有可采性的一个重要论据。与反对派认为在民事诉讼中使用非法证据会鼓励、纵容更多的违法行为的忧虑不同,一些赞成在民事诉讼中使用非法证据的意见认为,在民事诉讼中允许使用当事人违法获取的证据,并不意味着法律对违法取证行为的认可或者纵容。根据实体法与程序法分离理论,实体法与程序法分别是法律秩序的两个不同分支,实体法的主要任务是规定和确认权利与义务、职权与责任等内容,程序法则旨在保障实体法规定之权利、职权得以实现以及确保有关义务与责任得到切实履行。实体违法行为与程序不具有相关性,基于此,非法获得的证据在民事诉讼中应当具有可采性。

20世纪初,德国法学家戈德施密特(Goldschmidt)在其诉讼法著作《法律程

① Athanassios Kaissis, Die Verwertbarkeit materiell-rechtswidrig erlangter Beweismittel im Zivilprozess, Peter Lang, Frankfurt am Main, 1978, S. 29.

② Klemens Pleyer, Schallaufnahmen als Beweismittel im Zivilprozeß, ZZP, 1956, S. 321, 322.

序》中指出，程序法与实体法各自受不同的价值支配，各自有不同的自治范畴，不能从行为违反实体法推导该行为在程序上不具有可采性。① 戈德施密特关于程序法与实体法有别的观点后来也得到德国同行维尔纳·尼斯(Werner Niese)的拥护。20 世纪 60 年代到 80 年代，意大利学者科德罗、里奇(Ricci)以及德国法学家埃格伯特·彼得斯(Egbert Peters)等人在对证据的可采性问题进行论述时，基本是以上述理论为基础展开的。如科德罗认为，证据的可采性标准只能基于程序法的规定，不应援引宪法原则来论证证据禁止的存在。②里奇在其题为《民事诉讼非法证据》的论文中亦指出，取证行为的不法性发生在诉讼程序进行之前，与程序无关。言外之意，在诉讼中应当保留非法取得的证据的证明价值，但不影响对不当获得证据的人适用任何的刑事或民事处罚。③ 彼得斯在探讨通过非法手段获得的文件(如通过盗窃获得的书信)的证明价值时，基于与上述相同的理论假设，得出了相同的结论：在程序法没有明确禁止性规定的前提下，这类文件都可以在民事诉讼中作为证据使用。④

在实体法与程序法有别、实体违法与程序无关的理论下，支持非法证据在民事诉讼中具有可采性的论者进一步认为，对于私人非法搜集证据的行为，受害人完全可以通过法律制度中其他的途径获得救济，譬如可以通过民事违约、侵权诉讼或者刑事诉讼来追究非法取证行为者的法律责任。通过这些法律救济程序，权利因非法取证行为受到侵害的主体可以获得相应的法律救济，而非法取证行为人也会因此受到与其违法行为性质相当的法律惩罚或制裁。有英国学者就曾指出，在民事诉讼中，只有在当事人违法时，才涉及证据排除的裁量问题，但是，非法侵犯一项权利是个附带问题，可以通过单独的程序追究责任，

---

① James Goldschmidt, Der Prozess als Rechtslage: Eine Kritik des Prozessualen Denkens, Springer-Verlag, 2013, S. 294.

② Franco Cordero, *Tre studi sulle prove penali*, Milano, Giuffrè, 1963, p. 147.

③ G. F. Ricci, *Le Prove Illecite Nel Processo Civile*, In Riv. Trim. Dir. Proc. Civ., 1987, 34 ss.

④ Egbert Peters, Die Verwertbarkeit Rechtswidrig Erlangter Beweise Und Beweismittel Im Zivilprozess, Zeitschrift fur Zivilprozess 3(1963), S. 152 ff.

不应当简单粗暴地将由此获得的证据予以排除。[①] 简而言之，如果非法取证的行为已经构成了刑事犯罪抑或民事侵权，或者同时构成民事侵权和刑事犯罪，那么可以通过刑事诉讼或民事诉讼或者二者同时进行的方法对其追究相应的法律责任(刑事责任、民事责任)，从而达到制裁、震慑以及一般性预防违法的效果。[②]

虽然实体与程序的两分法理论为非法证据在民事诉讼中是否具有可采性问题提供了一个判断标准，但是行为实体违法与程序无关的论据亦并非无懈可击。如有反对意见就指出，诉讼中，某些因职业或身份之特殊性而负有信息保密义务的证人违反保密义务出庭作证，在这种情形下，实体违法的行为可能在程序中得不到支持，这就对行为实体违法与程序无关的论据提出挑战。另外，德国法学实践也一直在试图推翻这一理论。实践中，德国判例法试图对违反一般性实体法律规范和违反宪法规范的行为进行区分，并设想将违反宪法的情况作为证据禁止的依据。另外，实体性违法与程序无关受到的另一个挑战在于，欧陆一些学者认为，实体法和程序法分离理论并没有真正地解决非法证据在程序上的可采性问题。原因在于，首先，通过民事诉讼法解释或类比的方法总是有可能导致明文规定以外的证据禁止出现。[③] 其次，在法庭上出示证据本身可能违反了某些宪法规则。在这种情况下，考虑到法官对宪法的适当服从义务，分离理论没有对非法证据在诉讼程序中是否有可采性问题给出答案。[④]

另外，针对以实体与程序相分离为基础的替代性救济理论，也许有人会对其有效性与可行性提出质疑，认为并非所有的实体法都会存在足够的惩罚措施或救济机制，并以此为在民事诉讼中适用非法证据排除规则的正当性、合理性进行辩护，认为当法律制度中的替代性救济措施不足以阻止民事诉讼中的非法

---

① See Rosemary Pattenden, *The Discretionary Exclusion of Relevant Evidence in English Civil Proceedings*, Int'l J. Evidence & Proof, Vol. 1:5, p. 361 – 385(1997).

② 参见郑旭：《非法证据排除规则》，中国法制出版社 2009 年版，第 115 ~ 116 页。

③ See Isabel Alexandre, *Provas Ilícitas em Processo Civil*, Coimbra, Livraria Almedina, 1998, p. 175.

④ G. E. Kodek, Rechtswidrig erlangte Beweismittel im Zivilprozess: eine Untersuchung der österreichischen, deutschen und amerikanischen Rechtslage, MANZ Verlag Wien, 1987, S. 127 f.

取证行为，或无法为非法取证行为受害者的合法权益提供充分的保障与救济时，非法证据排除规则的适用可以弥补制度上的这一缺陷与不足。

诚然，如果结合非法证据排除规则在美国的发展历史来看，会发现这的确是除了权利保护理论以外，非法证据排除规则得以在美国刑事诉讼中广泛适用的另外一个重要原因，①但是无论是刑事诉讼抑或民事诉讼，根据实体法与程序法的二分法理论，对违法行为的制裁始终是实体法的范畴，程序法的职责与任务旨在确保实体法规定、确认的权利与职权能得以实现，以及有关的义务、责任能得到有效履行。如果法律制度中缺乏对某一非法、违法行为的制裁措施以及给予受害者相对应的救济措施，那么，立法者应当对相关的法律进行检讨，修订、完善相关的实体法，而不是寄希望于通过程序性的操作来弥补实体法上的不足。如对于某些性质上应当构成犯罪的行为，刑法却未予以规制，或者应当构成民事侵权而民事法律中却未予以规定的，那么应当要采取的措施是对刑法或者民法进行修改，增加对该类行为进行规制或者制裁力度。② 由此可见，对于非法取证行为，完全可以通过相应的民事或者刑事法律加以制裁，没有必要在民事诉讼程序中通过排除证据的方式再次对该类行为予以惩罚。相反，如果这些非法取得的证据是真实并且与案件具有关联性，那么法庭准许采用这些证据，还有利于法官查明讼争事实，准确作出裁决。

三、证明权的保护与限制

无论是理论抑或立法、司法实践，司法裁判请求权通常被认为是现代法治

① 有些研究指出，考虑到在美国既定的法律制度中，权益因警察违法取证的行为而受到的侵犯的主体很难获得有效的救济（无论是民事救济抑或刑事制裁），因此，非法证据排除同时是作为一种替代救济措施而存在。See Potter Stewart, *The Road to Mapp v. Ohio and beyond: The Origins, Development and Future of the Exclusionary Rule in Search-and-Seizure Cases*, Columbia Law Review, Vol. 83:6, p. 1365 – 1404 (1983); Donald V. MacDougall, *Exclusionary Rule and Its Alternatives—Remedies for Constitutional Violations in Canada and the United States*, Journal of Criminal Law and Criminology, Vol. 76:3, p. 608 – 665 (1985); Thomas M. Ward, *Evidence—Evidence Illegally Obtained by Private Parties Admissible in Civil Action*, 14 Buff. L. Rev, p. 550 (1965).

② 参见郑旭：《非法证据排除规则》，中国法制出版社 2009 年版，第 116 页。

社会中公民享有的一项宪法基本权利。[①]《公民权利与政治权利国际公约》第14条第1款中规定："人人在法院或法庭之前，悉属平等。任何人受刑事控告或因其权利义务涉讼须予判定时，应有权受独立无私之法定管辖法庭公正公开审问"。该规定亦表明了任何公民都平等地享有获得司法裁判的权利。司法裁判请求权是任何人在其权利受到侵害或者与他人发生争执时，享有的请求独立的、不偏不倚的审判机关公正审判的权利。[②] 从内容来看，它包括了诉诸司法（法院）的权利（诉权）[③]以及公正审判的请求权。[④] 民事证明权作为民事诉权的有机组成部分，也属于司法裁判请求权的内容。[⑤] 鉴于司法裁判请求权在宪法上的地位，证明权也顺理成章的被视为宪法性的权利。[⑥] 作为一项与诉讼证明密切相关的权利，证明权在内容上包括了证据调查收集权、证据提出权和质证权等各项子权利。[⑦] 证明权与当事人在诉讼中享有的诉权和抗辩权具有密切的关系。原告主张的诉求成立与否，被告对原告主张事实的反驳成立与否，这在很大程度上都取决于双方能否提出有效的证明。因此，证明权是当事人在诉讼中诉权和抗辩权得以充分行使的基础与表现。

---

① 参见奚玮、杨锦炎：《民事证明权的多维视角》，载《法律科学》2009年第5期。

② 参见王晓：《民事诉权的保护与滥用规制研究——兼以社会控制论为基础展开分析》，中国政法大学出版社2015年版，第36页。

③ 参见王晓：《民事诉权的保护与滥用规制研究——兼以社会控制论为基础展开分析》，中国政法大学出版社2015年版，第36页。

④ 参见王晓：《民事诉权的保护与滥用规制研究——兼以社会控制论为基础展开分析》，中国政法大学出版社2015年版，第36页。此外，有些学者甚至认为，裁判请求权于民事诉讼法上之具体实现，即为诉权（民事诉权）之概念，详见魏大喨：《诉讼基本权在民事诉讼法之实现》，载《月旦法学杂志》第2期（2004年）。

⑤ 理论上，民事诉权被现代学者视为是具有宪法权利属性的一种权利。具体参见莫纪宏、张毓华：《诉权是现代法治社会第一制度性权利》，载《法学杂志》2002年第4期；王晓：《民事诉权的保护与滥用规制研究——兼以社会控制论为基础展开分析》，中国政法大学出版社2015年版，第28～29页。

⑥ 参见［德］瓦尔特·哈布沙伊德：《证明权》，载傅郁林、［德］米夏埃尔·施蒂尔纳主编：《德国民事诉讼法学文萃》，赵秀举译，中国政法大学出版社2005年版，第314页；肖晗：《民事诉讼证明权研究》，知识产权出版社2013年版，第21页。另外，虽然我国宪法当中没有对司法裁判请求权及证明权直接作出规定，但是依照民事诉讼法学界的观点，《宪法》第33条第3款关于"国家尊重和保障人权"以及宪法中关于审判权、民事程序权利的相关规定，都是证明权的宪法规范基础。参见肖晗：《民事诉讼证明权研究》，知识产权出版社2013年版，第34～38页。

⑦ 参见奚玮、杨锦炎：《民事证明权的多维视角》，载《法律科学》2009年第5期。

从宪法学的角度来看,宪法的基本权利通常具有防御权的功能。[①] 具体而言,宪法的基本权利首先具有保障公民个体自由不受国家公权力侵犯的防御权功能。对于国家而言,公民行使基本权利不需要任何正当理由,但是当国家对公民的基本权利进行限制时,则必须具有足够充分且正当的理由。[②] 鉴于民事证明权是一项旨在保障公民行使诉权的不可或缺的宪法性权利,因此,理论上有意见认为,对民事证明权的任何限制也应当需要特别的理由。[③] 本质上,在民事诉讼中排除非法证据意味着一定程度上对公民证明权的限制。虽然一些反对对证据可采性进行限制的批判者也承认用于诉讼的证据需要具有合法性和正当性,但这并不意味着对民事诉讼中适用非法证据排除规则的绝对认可。排除规则的支持者认为之所以限制这类证据,原因在于取证行为的非法性,因此,这种限制不能被认为违宪。相对限制是在程序外对实体权利保护的回应,但即便如此,也只能是一个相对的限制,而不应当是绝对限制。

四、违反正当程序

在刑事诉讼领域,正当程序也是一个常被用以支持非法证据排除的法律原则或依据。[④] 基于此,有意见认为根据正当程序原则,民事诉讼中同样也应该将非法证据(至少是违宪证据)排除在可采证据范围之外。譬如,意大利《宪法》第 111 条将正当程序宪法化,有意见就试图以该条为非法证据的排除提供正当性理论基础,但意大利学者卢卡·帕萨南特却提出了不一样的看法。在他看来,恰恰相反,基于正当程序原则,可以得出另外一个截然不同的结论——非法证据不应当予以排除。按照卢卡·帕萨南特的说法,正当程序涉及两方面的内容:一方面,根据意大利《宪法》第 111 条之规定,正当程序意味着要遵循合法原

---

① 参见陈征:《基本权利的国家保护义务功能》,载《法学研究》2008 年第 1 期。

② 参见陈征:《基本权利的国家保护义务功能》,载《法学研究》2008 年第 1 期。

③ 参见[德]瓦尔特·哈布沙伊德:《证明权》,载傅郁林、[德]米夏埃尔·施蒂尔纳主编:《德国民事诉讼法学文萃》,赵秀举译,中国政法大学出版社 2005 年版,第 314 页。

④ See Walter Pakter, *Exclusionary Rules in France, Germany, and Italy*, Hastings Int'l & Comp. L. Rev., Vol. 9:1, p. 1 - 57 (1985).

则(程序合法原则);另一方面则是要处理好正当程序和发现真实之间的关系。[①] 首先,就程序合法性而言,诉讼程序要严格按照法律规定与要求进行、推进。这是一条原则性规定。其次,在立法并没有就证明权的限制作出具体规定的情况下,可以推定立法者赋予法官一定的自由裁量权,允许法官根据个案自行判断,但是不能据此认为法院有权将非法证据予以排除,以此对证明权进行限制。在民事诉讼中排除非法证据有可能会与宪法立法者要求遵守的规范诉讼程序的法律不符。鉴于上述考虑,卢卡·帕萨南特指出,排除非法证据的规则是否符合正当程序原则,尤其是是否符合合法性原则是很值得怀疑的。[②]

在一个具体的诉讼中,法官不会也不可能对所有附带的违法行为进行调查及处罚。允许在民事诉讼中使用非法获得的证据,其背后的理据在于,在审判过程中,对证据提出的质疑应当是针对该证据的证据资格、相关性抑或重要性,法庭不应该自行对诸如证据来源、证据的获取方法等这种附带的问题进行审判,[③]否则将会从不同层面破坏整个法律制度。

首先,从诉讼经济与诉讼效率的角度来看,排除使用非法证据会缓减诉讼进程,甚至会通过拖延、混淆等方式使主要诉讼陷入困境。美国著名证据法学家威格摩尔就曾指出,为了公正审判,法庭不宜在诉讼中对附带的问题进行审判。理由在于他认为如此会规避调查、指控违法行为所采用的方法,并且会拖延、混淆主要诉讼的审判。[④] 具体而言,如果法庭允许使用非法证据,那么对一些争议问题法官无须再作进一步的调查,可以直接借助该证据作出判断。反之,如果坚持排除非法证据,那么在诉讼中,法官除了要对案件本身的争议事实进行调查,还需要就证据本身是否非法获得的这一事实进行调查并作出判断。而证据是否是非法获得的,当事人的取证行为是否违法,这又需要有关当事人

---

① Luca Passanante, *La Prova Illecita Nel Processo Civile*, G. Giappichelli, 2017, p. 367 – 368.

② Luca Passanante, *La Prova Illecita Nel Processo Civile*, G. Giappichelli, 2017, p. 371.

③ Cluett v. Rosenthal, 100 Mich. 193, 198, 58 N. W. 1009, 1010 (1894); State v. McGee, 214 N. C. 184, 185, 198 S. E. 616, 617 (1938).

④ Wigmore, John Henry, *A Treatise on the Anglo—American System of Evidence in Trials at Common Law including the Statutes and Judicial Decisions of All Jurisdictions of the United States and Canada* (*2nd ed.*), Vol. IV, Boston Little, Brown, and Co., 1923, p. 626.

进一步予以举证说明。从诉讼经济与诉讼效率的角度来看,这似乎并不是一个明智之举。实践中,意大利曾有研究指出,在诉讼中严格实行非法证据排除,已经对意大利民事法院的效率及尊严产生了影响。[①] 另外,考虑到当事人非法取证行为之多样性,如当事人的取证行为触犯了刑法时,法官能否在民事诉讼中径直认定当事人的行为构成犯罪进而排除相关的证据也是值得怀疑的。

其次,在诉讼中赋予法官排除证据的权力意味着证据排除将成为一种间接的惩罚手段。通过证据排除,法官可以通过拒绝当事人证明手段的方式剥夺当事人据以主张的一些民事权利,[②]容易导致司法不公的结果;尤其是当被排除的证据是提出诉求一方当事人唯一的重要证据时,这对案件实体问题的处理结果将是致命的,会导致审判结果不公。在这种情况下,非法证据排除会被诉讼中处于劣势一方的当事人利用,成为诉讼中明显理亏一方当事人的最后一根救命稻草。[③]

五、违反公正(平)原则

在民商事纠纷中,当事人可能会因为违法取证行为的违法程度较轻,未达到犯罪的标准而不需要接受任何刑罚,又或者因为从民事诉讼可获得的收益会远远超过因违法取证而接受的任何法律处罚或制裁结果,从而甘愿冒天下之大不韪,不惜通过违法的手段获取证据。基于此,有人或许会指出,实体法中对违法行为的制裁措施对于阻止私人违法取证的行为并不是完全奏效的;与前者不同,非法证据排除通过排除证据的方式剥夺了证据持有方期望通过该证据在诉

---

① See Vito Breda & Mateo Vricella, *English Pragmatism and Italian Virtue: A Comparative Analysis of the Regime of Illegally Obtained Evidence in Civil Law Proceedings between Italy and England*, Maastricht journal of European and comparative law, Vol. 21:3, p. 428 – 443(2014).

② Wigmore, John Henry, *A Treatise on the Anglo—American System of Evidence in Trials at Common Law including the Statutes and Judicial Decisions of All Jurisdictions of the United States and Canada* (*2nd ed.*), Vol. IV, Boston Little, Brown, and Co., 1923, p. 626.

③ See Stephen A. Scott, *Admissibility of Illegally Obtained Evidence in Noncriminal Proceedings*, Fla. L. Rev., Vol. 22:1, p. 38 – 58(1969).

讼中胜诉而获得的利益，因此在阻止当事人非法取证行为方面更为有效。

需要注意的是，作为一种间接的惩罚措施，非法证据排除规则所体现的惩罚幅度与正在审理的问题相当，而不是与取证行为的违法程度相当。将这种不与行为违法程度相挂钩的处罚措施适用于刑事诉讼中或许有一定的道理，毕竟在法治社会中，它对限制公权力滥用的意义是毋庸置疑的；但是当这种措施适用于民事案件中时，则难免有违反公正原则之嫌。在民事诉讼中排除使用非法获得的证据意味着对当事人的证明权乃至民事诉权的限制，因此，在性质上，非法证据排除是国家司法机关从程序上对证据使用人的一种惩罚或法律制裁。法律公正原则要求责罚相当——法律责任的大小、处罚措施应当与违法行为的性质、轻重程度相适应，反对对不同性质、程度的违法行为适用相同的处罚，或同一违法行为适用不同的处罚。从结果上看，排除非法获得的证据可能会导致一项本来合理的诉求因为证据不足而被驳回。作为一种在程序中的附加处罚措施，非法证据排除与民事损害赔偿或者刑事处罚等措施不同，因为这种“附加处罚”的程度通常与违法行为的严重程度无关，即无论违法行为性质如何，违法严重程度如何，都只有一个唯一的惩罚结果——因该行为获得的证据不具有可采性。正如欧陆一些学者所言，在民事诉讼中禁止使用非法证据实际上是一种程序性制裁；但与实体法上的制裁不同，这种制裁不存在根据案件的性质减轻或者加重惩罚的衡量因素与空间，只能在证据具有可采性或者不具有可采性之间进行选择，这会导致非法取证行为受到不合理的制裁与惩罚。①

第三节　本章小结

在前述关于民事非法证据是否应当予以排除问题的讨论中，赞成派主要基于威慑理论、法律秩序统一论、不法行为不产生利益以及保障人权来论证民事

---

① G. E. Kodek, Rechtswidrig erlangte Beweismittel im Zivilprozess: eine Untersuchung der österreichischen, deutschen und amerikanischen Rechtslage, MANZ Verlag Wien, 1987, S. 106 ff.

诉讼中排除非法证据的正当根据。威慑理论认为民事诉讼中实行非法证据排除对预防、阻止私人非法取证行为具有一定的威慑效果；权利保障理论则试图将非法证据排除变成保障公民个人基本权利尤其是隐私权的一个重要措施。实际上，遏制、预防违法取证行为与保障基本权利是一体两面的，虽然其中有些论据是用以支撑刑事非法证据排除制度正当性的基础，但问题是，无论是诉讼主体抑或诉讼目的，民事诉讼与刑事诉讼之间都存在很大的差别。民事诉讼中争讼的两造是地位平等的私主体，并不存在刑事诉讼中需要遏制、预防公权力违法取证侵害个体权利（尤其是基本权利）的情况。在这种情况下，是否有必要特别通过非法证据排除规则额外赋予民事诉讼遏制、预防私人违法取证的职责，这是令人怀疑的。法秩序统一论虽然表明在法秩序统一体内不应当对同一行为有两种相互矛盾的评价结果，且任何人都不能从不法行为获利的主张或许也的确有利于维护司法权威与公信力，但这些主张都无法解释为何一个违反实体法的行为应当接受程序性制裁等问题。

相反，基于实体法与程序法的两分理论，程序只是实现实体法权利与义务的工具，违反实体法的行为应当由实体法来进行处罚制裁。因此，对于私人非法获取证据的行为，完全可以通过民事损害赔偿或者刑事处罚制度获得相应的救济和制裁。如果根据违法行为的严重性或所造成的损害而有不同程度的替代补救措施，那更是没有必要也不应在民事诉讼中设置非法证据排除这种可能会影响到其他立法政策的罚则。与民事损害赔偿或者刑事处罚等措施不同，非法证据排除是一种既不根据违法行为的严重性也不根据受害人的受害程度而有所权衡或改变的制裁措施，无论获取证据的行为违法程度如何，在程序中只有证据被排除使用一个结果，这种惩罚与责罚相当的法律责任归则原则不符，有悖公平、公正原则。基于正当程序原则，在民事诉讼中排除非法证据不仅可能会造成诉讼焦点失焦，影响诉讼效率，而且容易导致不公正的审判结果，有悖于发现真相的诉讼目的。在现代法治国家，司法裁判请求权是一项受宪法保障的基本权利。作为裁判请求权的一个组成部分，证明权自然也具有基本权利的属性。除非有充分且正当的理由，否则立法、司法不得轻易对公民的证明权进行限制。

第六章　民事诉讼非法证据排除的界限

第一节　理论上的思考:基于折中立场的解决方案

在关于民事非法证据是否应予以排除的早期讨论中,虽然赞成派和反对派都不遗余力地提出了不少理由论证民事诉讼中应当排除或不排除非法证据,但任何一方都未能成功说服另一方。于是,为了避免及克服这两种极端立场可能存在的不足与弊端,理论上的讨论逐渐抛弃了非法证据应予以排除或不排除的极端立场,转而探寻一种介乎于两者之间的折中立场。所谓折中立场,即意味着对于非法获取的证据,既不主张强制排除,绝对禁止使用,也不赞成一律允许使用,而是建议有选择性地进行排除与允许适用。至于取舍的标准如何,理论上也有不同的主张。其中,较有代表性的意见有以下几种。

一、权利(法律)位阶区分论

20 世纪 60 年代末至 80 年代,德国有不少学者提出,民事诉讼中非法证据排除与否,取决于非法证据所侵犯权利或者所违反法律规范的位阶(笔者将这一主张概括为"权利/法律位阶区分论")。

持这一意见的学者依照法律规范的位阶将权利具体划分为宪法权利(基本权利)以及一般的法律权利,并以此为基础对民事诉讼中非法证据的取舍问题提出不同的解决方案,即非法证据具有可采性与否主要取决于其侵犯的权利是否属于宪法的基本权利。具体而言,如果非法证据违反了宪法性法律规范,侵犯的客体是受宪法保护的基本权利,则该证据不具有可采性;反之,如果非法证据违反的并非宪法性法律规定,而是一般性的法律规范,侵犯的客体也仅仅是宪法权利以外的其他法律权利,则允许在民事诉讼中使用该证据。

如德国学者蔡司就非常不认同那些支持证据禁止的主张及其论据。在他看来,既然私人非法获取的证据在刑事诉讼中都具有可采性,那么个人违反实体法规定,非法获得的证据在民事诉讼中更应当可以使用,只有在某些例外情况下才允许证据使用禁止。譬如,如果行为人擅自闯入宪法保护的私人领域取证,则应当根据德国《基本法》第2条的规定禁止法官使用该证据。① 还有德国学者则将非法取得的证据区分为不受限制使用的非法取得的证据和通过侵犯基本权利获得的证据,并认为在后一种情形中,当事人获取证据的行为已构成违宪,如果再允许该证据在诉讼中使用,则法官又会构成新的违宪。②

奥地利学者法辛(Fasching)也是权利位阶区分理论的拥护者之一。他认为,如果当事人在获取证据时违反了合同义务、私法规则抑或善良风俗习惯,至多存在损害赔偿的责任,但是其获得的证据是可以使用的;如果当事人的取证行为违反了旨在保障受宪法保护的基本权利、自由权的刑事法律规范时(譬如,通过绑架、人身伤害或者其他方式威胁当事人、证人违背自己的意愿作出陈述),则以这种方式获得的证据不允许在法庭上使用。③ 与此同时,法辛还指出,

---

① Walter Zeiss, Die arglistige Prozeßpartei: Beitrag zur rechtstheoretischen Präzisierung eines Verbotes arglistigen Verhaltens im Erkenntnisverfahren des Zivilprozess, Berlin, 1967, S. 382 ff.

② Lothar Gamp, Die Ablehnung von Beweisanträgen im Zivilprozeß: zugleich ein Beitrag zur Lehre von der Anwendbarkeit des § 244 StPO, Bochum, Diss., 1980, S. 41ff. See Georg E. Kodek, Rechtswidrig erlangte Beweismittel im Zivilprozess: Eine Untersuchung der österreichischen, deutschen und amerikanischen Rechtslage, Manzsche Wien, 1987, S. 118.

③ Hans W. Fasching, Kommentar zu Zivilprozeßgesetzen, 4 Bände, Wien 1959 ff. Ergänzungsband Wien, 1974, S. 446 ff. 转引自 Georg E. Kodek, Rechtswidrig erlangte Beweismittel im Zivilprozess: Eine Untersuchung der österreichischen, deutschen und amerikanischen Rechtslage, Manzsche Wien, 1987, S. 120.

如果法律规范保护的法益不属于受宪法保护的基本权利和自由权范畴，则即使当事人的取证行为违反了刑事法律规范，该证据在诉讼中也具有可采性，允许法官使用作为裁判的基础。理由在于，一方面，刑法保护的合法财产已经受到侵犯；另一方面，虽然刑法规范的保护目的有所不同，但都无意阻碍司法查明真相。①

二、批评与质疑

以权利位阶理论为基础的区分标准克服了非法证据在民事诉讼中绝对排除或绝对不排除极端立场的弊端，一定程度上同时兼顾了查明案件真相与维护个人权利两种价值。因此，这一解决方案在20世纪60年代提出来以后，曾获得不少欧陆学者的关注，也不乏拥护者。然而，看似比较完美的解决方法也并非尽善尽美、无懈可击。一些学者也对这一解决方案提出了批评与质疑，其中最为典型的就是，权利位阶区分理论是以宪法基本权利对第三人具有直接影响力的假设为前提的，但是假如按照宪法对第三人无直接效力的理论，②基本权利并不直接适用于私人之间的关系，私法主体间的行为并不直接受基本权利的拘束，那么个人在获取证据时自然就不可能会出现违反宪法、侵犯他人基本权利的情况。德国学者哈布曼（Hubmann）就认为，根据私法提出的主张不能直接源自基本法。基本法中的基本权利条款需要转化为民法。如果证据是非法取得

---

① Hans W. Fasching, Kommentar zu Zivilprozeßgesetzen, 4 Bände, Wien 1959 ff. Ergänzungsband Wien, 1974, S. 446 ff. 转引自 Georg E. Kodek, Rechtswidrig erlangte Beweismittel im Zivilprozess: Eine Untersuchung der österreichischen, deutschen und amerikanischen Rechtslage, Manzsche Wien, 1987, S. 120.

② 宪法基本权利第三人效力理论的研究最早始于德国。按照“直接效力说”的观点，基本权利在整个法秩序中是最重要的客观法规范，私法主体间的行为应直接受到基本权利的拘束，但时至今日，这一学说无论是在德国抑或其他国家都仍未获得普遍的认可。与直接效力的观点相反，以日本高桥和之为代表的一些学者则提出“无效力说”，认为宪法基本权利对第三人并无直接的效力。关于这一问题的更多讨论，可参见陈新民：《宪法基本权利及对第三者效力之理论》，载陈新民：《德国公法学基础理论（上卷）》，法律出版社2010年版，第330～386页；许瑞超：《德国基本权利第三人效力的整全性解读》，载《苏州大学学报（法学版）》2017年第1期；黄宇骁：《论宪法基本权利对第三人无效力》，载《清华法学》2018年第3期。

的,则侵犯了一般法律规定的人格权或其他权利,而不是宪法规定的基本权利。[①]

此外,还有学者认为,依照权利位阶理论,侵犯一般法律保护的权利(如财产权)不会导致证据使用的禁止。只有当一般法律是根据宪法规定对一项权利进行保护时(如人格权),才会导致证据使用禁止。但事实上,在常见的一些侵犯人格权的案件中,如未经当事人同意进行的录音或拍照,这些行为的违法程度并不比盗窃文件更为严重。以权利位阶为基础的区分理论会导致矛盾的结论,即在当事人的合法利益得不到一般的法律保护时,就会诉诸宪法,如一般的人格权,在这种情况下,相较于一般法律规定的缺失,他可以获得更多的司法保护,如非法取证因为被认定违宪而导致证据使用禁止。[②]

除了前述的质疑与批评意见,也有一些学者在适度认可权利位阶区分标准的基础上,指出了这一方案的不足。有意见指出,虽然以权利位阶理论为基础的解决方案指明了非法证据在民事诉讼中具有可采性与否取决于受侵犯的客体是否为宪法权利,但是该理论并没有明确指明这种侵犯仅仅是限于取证行为抑或还包括了证据的使用后果。[③] 有学者甚至还认为,即使获取证据的行为违反了宪法,侵犯了他人的基本权利,也并不必然会导致证据使用禁止。例如,奥地利学者科德克就认为,即使在获取证据时发生了侵犯基本权利的情况,这也并不意味着解决办法不能有所不同。在科德克看来,即使在获取证据时侵犯了宪法性权利,也并不必然导致非法证据的排除。[④] 意大利学者里奇也曾指出,侵害宪法权利的行为虽然具有非法性,但不一定要受无效的制裁。[⑤]

---

① Hubmann Heinrich, Das Persönlichkeitsrecht, 2. Auflage, Koln, Graz, 1967, S. 112.

② Georg E. Kodek, Rechtswidrig erlangte Beweismittel im Zivilprozess: Eine Untersuchung der österreichischen, deutschen und amerikanischen Rechtslage, Manzsche Wien, 1987, S. 126 f.

③ Olaf Werner, Verwertung rechtswidrig erlangter Beweismittel, NJW 1988, S. 998.

④ Georg E. Kodek, Rechtswidrig erlangte Beweismittel im Zivilprozess: Eine Untersuchung der österreichischen, deutschen und amerikanischen Rechtslage, Manzsche Wien, 1987, S. 125 f.

⑤ G. F. Ricci, *Le prove illecite nel processo civile*, Riv. trim. dir. proc. civ., 1987, p. 74.

三、证据提出禁止和证据使用禁止区分理论

德国学者韦斯(Wais)及奥地利学者科德克都曾指出,证据禁止的依据在于宪法,因此,任何个人都应当尽可能避免违反宪法规范的行为。尽管如此,但韦斯、科德克等人也都认为以权利位阶为基础的判断标准存在一定的不足。因此,在权利位阶理论的基础上,以维尔纳、韦斯、科德克等人为代表的欧陆学者借鉴德国刑事诉讼中的证据禁止理论,进一步提出了证据提出和证据使用禁止的区分理论。

在他们看来,证据的禁止不能仅以诉讼程序之外的非法取证行为作为判断基础,而是应当将证据提出行为和证据使用行为进行区分。如德国学者维尔纳曾指出,获取证据手段的非法性并不意味着证据使用具有非法性。譬如,通过侵犯住所而获得的与不动产内部有关的照片,如果该照片只是用于表明该不动产的用途,其在法庭上举证交给法官使用并不会侵犯任何基本权利。① 鉴于证据使用过程中可能出现违反宪法的情况,蔡司强调对使用证据的行为进行单独审查的重要性,但是,他也指出证据使用禁止应当只限于会违反宪法的情况。②在科德克看来,过去无论是传统理论抑或司法实践,都没有对证据提出和证据使用进行区分,从而基本一致错误地将证据提出禁止等同于证据使用禁止。③按照科德克的意见,证据提出禁止并不必然会导致证据使用禁止,其判断标准取决于证据使用是否会损害法律所保护的利益。④凯西斯亦指出,难以笼统地回答非法获得的证据是否具有可采性。相反,它需要采用具体的、个案的方法来分析,并且还需要对获取证据的行为和使用证据的行为的非法性分别进行

---

① Olfa Werner, Verwertung rechtswidrig erlangter Beweismittel, NJW 1988, S. 1000 f.

② G. F. Ricci, *Le prove illecite nel processo civile*, Riv. trim. dir. proc. civ., 1987, p. 74.

③ Georg E. Kodek, Rechtswidrig erlangte Beweismittel im Zivilprozess: Eine Untersuchung der österreichischen, deutschen und amerikanischen Rechtslage, Manzsche Wien, 1987, S. 136.

④ Georg E. Kodek, Rechtswidrig erlangte Beweismittel im Zivilprozess: Eine Untersuchung der österreichischen, deutschen und amerikanischen Rechtslage, Manzsche Wien, 1987, S. 137.

审查。①

事实上，在证据提出禁止与证据使用禁止问题上，早在讨论刑事诉讼中的非法证据问题时，德国学者格伦瓦尔德（Grunwald）（1929—2009）就已经提出过自己的见解。在他看来，证据提出禁止是否会导致证据使用禁止取决于二者之间的关系。如果违反证据提出禁止的行为已经彻底破坏了证据提出禁止试图保护的利益，除非有其他额外的因素妨碍使用该证据，否则没有理由禁止使用该证据；但是，如果证据使用会进一步加深对合法权益的损害，则违反证据提出禁止必然会产生证据使用禁止。② 然而，格伦瓦尔德的这一主张并未在学界完全获得认可，反倒引来了一些质疑，如德国学者凳克尔就认为，格伦瓦尔德的主张仅仅考虑了违反证据提出禁止的情况，但并没有解释为什么在这种情况之外（没有违反证据提出禁止的情况）不能禁止证据使用。与此同时，凳克尔还认为，格伦瓦尔德的上述主张也不适用通过胁迫手段获得的言词证据，因为如果当事人被迫作出违背自己意愿的陈述，那么禁止使用胁迫手段规则所保护的利益就已经受到了明确的损害，在这种情况下，按照格伦瓦尔德的主张，无法解释为何还要禁止使用该证据。③

虽然存在质疑的声音，但科德克在思考非法证据在民事诉讼中的可采性问题时基本上接受了格伦瓦尔德的上述观点，不赞成违反证据取得禁止必然会导致证据使用禁止。在他看来，证据使用本身并不一定都会对基本权利再次造成新的损害。譬如，法官为确定某一事实而聆听了一段亲密谈话的录音，在作出判决时，法官只会截取录音中与案件争议事项有关的事实，并不会侵犯有关人士的基本权利。④ 科德克承认，如果拒绝证据使用禁止，可能会不利于遵守证据取得禁止，但是他始终认为，除了民事诉讼中会出现一些为数不多的非法取证

---

① Athanassios Kaissis, Die Verwertbarkeit materiell-rechtswidrig erlangter Beweismittel im Zivilprozess, Peter Lang, Frankfurt am Main, 1978, S. 68.

② G. Grunwald, Bweisverbote und Verwetungsberbote im Strafverfahren, JZ 15/16(1966), S. 489.

③ F. Dencker, Verwertungsverbote im Strafprozess: Ein beitrag zur lehre von den Beweisberboten, Carl Heymanns, 1977, S. 47 ff.

④ Georg E. Kodek, Rechtswidrig erlangte Beweismittel im Zivilprozess: Eine Untersuchung der österreichischen, deutschen und amerikanischen Rechtslage, Manzsche Wien, 1987, S. 138.

行为,证据使用禁止只会导致更多与事实不符的判决,这无异于在违反证据提出禁止的错误之上又增加了新的错误。[①]

除了主张将提出证据的行为和使用证据的行为进行区分,科德克还进一步提出对证据的取得、证据的提出(举证行为)以及证据使用阶段进行区分的理论(Erlangung—Aufnahme—Verwertung)。[②] 在他看来,程序前或程序外获取证据的行为并不是讨论证据禁止的合适起点,以往甘普(Gamp)等人对证据取得和证据使用区分理论忽略了举证权和举证行为。证据的提出是连接获取证据和使用证据的最重要的一个程序性行为。[③] 通过举证行为,当事人将非法取得的证据带入诉讼程序,从而使法官得以接触到这些证据。基于宪法对第三人无直接效力理论,个人收集证据以及举证的行为可能不涉及侵犯他人基本权利的问题,但是在诉讼中,无论是法官抑或当事人的行为均受宪法的约束。因此,在讨论非法证据的可采性问题时,首先需要审视宪法对举证权是否有限制,[④]即需要审查当事人出示的证据是否侵犯了对方或者其他人的基本权利。[⑤] 对此,科德克认为,仅就有关的事实进行举证,只有在极少数情况下(例如,监听与亲密生活对话有关的录音)才会涉及侵犯他人基本权利的问题。很多情况下,证据的证明事项对人格权的保护范围有决定性影响。[⑥] 因此,对举证合法性的关注,使非法取得的证据是否具有可采性的问题转移为法官是否可以在当事人举证阶段介入受宪法保护的人格领域的问题;而有些证据表明有些事实不属于法官审查的权限范围(该领域适用于所有的证据,既可以是非法获得的证据,亦可以是

① Georg E. Kodek, Rechtswidrig erlangte Beweismittel im Zivilprozess: Eine Untersuchung der österreichischen, deutschen und amerikanischen Rechtslage, Manzsche Wien, 1987, S. 138 f.

② Georg E. Kodek, Rechtswidrig erlangte Beweismittel im Zivilprozess: Eine Untersuchung der österreichischen, deutschen und amerikanischen Rechtslage, Manzsche Wien, 1987, S. 127.

③ Georg E. Kodek, Rechtswidrig erlangte Beweismittel im Zivilprozess: Eine Untersuchung der österreichischen, deutschen und amerikanischen Rechtslage, Manzsche Wien, 1987, S. 127.

④ Georg E. Kodek, Rechtswidrig erlangte Beweismittel im Zivilprozess: Eine Untersuchung der österreichischen, deutschen und amerikanischen Rechtslage, Manzsche Wien, 1987, S. 130.

⑤ Georg E. Kodek, Rechtswidrig erlangte Beweismittel im Zivilprozess: Eine Untersuchung der österreichischen, deutschen und amerikanischen Rechtslage, Manzsche Wien, 1987, S. 130.

⑥ Georg E. Kodek, Rechtswidrig erlangte Beweismittel im Zivilprozess: Eine Untersuchung der österreichischen, deutschen und amerikanischen Rechtslage, Manzsche Wien, 1987, S. 130.

合法获得的证据)，因此，证据禁止问题就转成了证明对象(证明主题)的禁止问题。[①]

四、基于比例原则的利益平衡论

(一)比例原则

比例原则是现代行政法乃至公法领域一项公认的法律原则，素来有公法领域的“帝王条款”“皇冠原则”之称。一般认为，比例原则最早可追溯至1215年英国《大宪章》中的规定——人们不得因为轻罪而受到重罚。19世纪时，这一思想成为德国限制警察权力的一个重要理论，进而真正进入行政法的视野。1895年，德国行政法鼻祖奥托·迈尔(Otto Mayer)在其对后世颇具影响力的著作《德意志行政法》一书中，明确提出将比例原则作为一项法律原则，用以限制警察的权力。也正是如此，奥托·迈尔被后世学者誉为比例原则之父。[②] 19世纪末期，德国法院通过判例首次正式确立了比例原则。

学理上，通常认为比例原则的含义有广义和狭义之分。广义上的比例原则具体包括以下几个子原则：

(1)适当性原则(也称为适合性原则)，即要求行政机关采取的行为、手段、措施必须有助于实现其目的，其判断标准为行为、手段、措施能否达到预设的目的。[③] 简言之，该原则要求行为、措施对于预期目的应当是有效的，因此，有些学者也将其称为“有效原则”[④]；如果行为、措施对于实现所追求之目的而言是无

---

① Georg E. Kodek, Rechtswidrig erlangte Beweismittel im Zivilprozess: Eine Untersuchung der österreichischen, deutschen und amerikanischen Rechtslage, Manzsche Wien, 1987, S. 134.

② See Sofia Ranchordas & Boudewijn De Waard, *The Judge and the Proportionate Use of Discretion: A Comparative Administrative Law Study*, Routledge, 2015, p. 27.

③ 陈新民：《论宪法人民基本权利的限制》，载陈新民：《德国公法学基础理论(增订新版上卷)》，法律出版社2010年版；[德]Klaus Stern：《基本权及其限制》，林三钦、张锟盛译，载[德]Peter Badura & Horst Dreier主编：《德国联邦宪法法院五十周年纪念论文集(下册)》，苏永钦等译，台北，联经出版事业股份有限公司2010年版。

④ 范剑虹：《欧盟与德国的比例原则——内涵、渊源、适用与在中国的借鉴》，载《浙江大学学报(人文社会科学版)》2000年第5期。

效的,则视为不妥当的或者不适当的。[①]

(2)必要性原则,是指当存在多种均可以实现目的的方法、途径时,要求行政机关应当采用对相对人或者公共利益损害最小(少)的方法。[②] 简言之,即要求行政主体在对于预期目的同样有效的多种手段、措施中,选择对相对人干预最小、最温和的一种行事。[③] 鉴于此,这一原则也常被称为"最小(少)损害原则"[④]。

(3)比例性原则(也称为"相称性原则"[⑤]或"均衡性原则"[⑥]、"相当性原则"[⑦]),该原则是比例原则的精髓与核心内容,也是狭义上的比例原则,指的是行政主体所采取的行为、措施对相对人所造成的损害与所追求的法益之间应当均衡、合乎比例。在这一原则之下,某一个行为、措施虽然是达成目的所必要的,但是,亦不可以对相对人造成过度的负担。[⑧] 因此,相当性原则是一种强调

---

① 陈新民:《论宪法人民基本权利的限制》,载陈新民:《德国公法学基础理论(增订新版上卷)》,法律出版社 2010 年版;[德]Klaus Stern:《基本权及其限制》,林三钦、张锟盛译,载[德]Peter Badura & Horst Dreier 主编:《德国联邦宪法法院五十周年纪念论文集(下册)》,苏永钦等译,台北,联经出版事业股份有限公司 2010 年版。

② 陈新民:《论宪法人民基本权利的限制》,载陈新民:《德国公法学基础理论(增订新版上卷)》,法律出版社 2010 年版;[德]Klaus Stern:《基本权及其限制》,林三钦、张锟盛译,载[德]Peter Badura & Horst Dreier 主编:《德国联邦宪法法院五十周年纪念论文集(下册)》,苏永钦等译,台北,联经出版事业股份有限公司 2010 年版。

③ [德]Klaus Stern:《基本权及其限制》,林三钦、张锟盛译,载[德]Peter Badura & Horst Dreier 主编:《德国联邦宪法法院五十周年纪念论文集(下册)》,苏永钦等译,台北,联经出版事业股份有限公司 2010 年版。

④ 陈新民:《论宪法人民基本权利的限制》,载陈新民:《德国公法学基础理论(增订新版上卷)》,法律出版社 2010 年版;王书成:《比例原则之规范难题及其应对》,载《当代法学》2007 年第 6 期。

⑤ 王书成:《比例原则之规范难题及其应对》,载《当代法学》2007 年第 6 期;赵娟:《合理性原则与比例原则的比较研究——一个以判例为基础的思考》,载《南京大学学报(哲学·人文科学·社会科学版)》2002 年第 1 期。

⑥ [德]Klaus Stern:《基本权及其限制》,林三钦、张锟盛译,载[德]Peter Badura & Horst Dreier 主编:《德国联邦宪法法院五十周年纪念论文集(下册)》,苏永钦等译,台北,联经出版事业股份有限公司 2010 年版。

⑦ 姜昕:《比例原则释义学结构构建及反思》,载《法律科学》2008 年第 5 期。

⑧ 陈新民:《论宪法人民基本权利的限制》,载陈新民:《德国公法学基础理论(增订新版上卷)》,法律出版社 2010 年版;[德]Klaus Stern:《基本权及其限制》,林三钦、张锟盛译,载[德]Peter Badura & Horst Dreier 主编:《德国联邦宪法法院五十周年纪念论文集(下册)》,苏永钦等译,台北,联经出版事业股份有限公司 2010 年版。

利益衡量的原则,要求对手段实现的目标、价值是否高于该手段给公民的人身财产等基本权利所造成的损害进行总体性的评估与衡量,要求公权力为实现特定目的而采取的手段的强度,不得与达成目的所需程度不成比例。简单来说,就是所采取的手段、措施所造成之侵害,不得超过所欲追求法益之价值。

(二)比例原则与民事诉讼非法证据排除

如上文所言,即使是权利位阶区分理论的支持者,也不全然都认同基于该理论得出的结论——通过违反宪法性法律规范的行为获取的证据在诉讼中不具可采性,不得作为证据使用。如德国学者维尔纳认可按照法律位阶来区分非法证据在民事诉讼中的可采性,但与此同时,他也认为,虽然根据法秩序统一性理论,宪法在法律体系中处于最高位阶,但是这并不能必然得出凡是违反宪法性规范的行为在诉讼程序中都不具有可采性。① 于是,在以权利位阶理论为基础的区分标准之上,有学者进一步提出了利益权衡理论,尝试将宪法、行政法领域的帝王条款——"比例原则"引入民事诉讼非法证据领域,作为判断非法证据能否在民事诉讼中使用的标准。如韦斯在探讨这一问题时,就将相称性、合理性和保护价值作为利益平衡的标准。在他看来,如果未经许可提供大量私人文件或监控系统录制的录音作为证据,则超出了合理性。②蔡司在主张证据使用禁止仅适用于会违反宪法的证据时,也提出了"手段—目的"权衡机制,严格限定了证据使用禁止的范围。在他看来,违反宪法会导致证据使用禁止并不是绝对的,因违宪导致的证据使用禁止受到"手段—目的"权衡机制的限制。这就要求法官在对证据使用是否会造成新的违宪行为,侵犯宪法基本权利进行审查时,还必须审查就案件争议事项而言,行为人获取证据过程中对一般人格权的侵犯程度是否具有合理性。③基于这一逻辑,蔡司指出,根据德国《基本法》第 2 条及

---

① Olfa Werner, Verwertung rechtswidrig erlangter Beweismittel, NJW 1988, S. 1000 f.

② Edgar Wais, Die Verwertbarkeit fehlerhaft erzielter Beweisergebnisse und rechtswidrig erlangter Beweismittel im Zivilprozeß, Diss. Tübingen, 1966, S. 164.

③ Athanassios Kaissis, Die Verwertbarkeit materiell-rechtswidrig erlangter Beweismittel im Zivilprozess, Peter Lang, Frankfurt am Main, 1978, S. 65.

后续的有关规定，原则上应当禁止法官使用通过侵犯宪法保障的私密领域获得的证据，但如果这种侵犯的严重性与目的相当，则可以构成例外。①

受蔡司的影响，科德克在谈到对证据取得禁止和证据使用禁止进行区分时也主张，即使在举证时发生了侵犯他人基本权利的情况，也需要遵循利益权衡原则予以解决，即对权利受侵犯的严重程度和在诉讼中使用该证据追求的目的进行权衡。②

除了学理上的讨论，以比例原则为核心的利益权衡理论在德国的司法界中也逐渐获得认可，并被广泛应用于司法判例中。自20世纪70年代开始，德国法院在不少涉及非法证据在民事诉讼中能否作为证据使用问题的裁判中，都是以这一理论为基础展开论述的。从以下几个典型案例，亦可窥探出德国法院在司法实践中处理这一问题的态度与倾向：

案例一：(BvR 1611/96)

1995年2月，A以4800马克的价格从B处购买了一辆二手汽车。交货一天后，A发现汽车存在瑕疵，遂通知B，之后双方多次通过电话进行交涉。最后，由于双方无法达成和解，A遂将B起诉至法院，要求解除双方的买卖合同。诉讼中，A主张双方已经于1995年2月18日的电话交谈中合意解除合同，并申请其母亲C为证人，表明C于当日通过电话扬声器听到了双方在电话中交谈的内容。初审法院认为C在B不知情的情况下听取了双方的电话对话，其证言不得作为证据使用，驳回了A的请求。联邦高等法院推翻了初审法院的判决，并认为C的证言能否作为证据使用需要权衡，尤其要考虑到对话的内容是属于机密抑或打电话者是否强调谈话内容的保密性。在本案中，当事人双方都在谈论所售二手车的缺陷以及从中得出的后果，B还必须考虑

① Walter Zeiss, Die Verwertung rechtswidrig erlangter Beweismittel, Zeitschrift fur Zivilprozebrecht 89 (1976), S. 377.

② Georg E. Kodek, Rechtswidrig erlangte Beweismittel im Zivilprozess: Eine Untersuchung der österreichischen, deutschen und amerikanischen Rechtslage, Manzsche Wien, 1987, S. 131f.

到谈话有可能被窃听,因为他最初打电话给A时是C接听的电话,应该设想到C在A与B进行电话交谈期间一直呆在房间里,并且能够通过扬声器收听,现在几乎所有电话都可以使用扬声器。此外,也没有任何迹象表明A存在恶意行为,因为是B先致电发起的对话,A并没有获得任何证据的意图。B不服,上诉至宪法法院,主张C侵犯了其受《基本法》第2条第1款和第1条第1款保护的一般人格权,因此其证言不应作为证据使用。①

案例二:(BvR 805/98)

在另外一个案例中,B向A承租了一个办公场所,搬离后,出租人A要求B对租赁物所作的变更进行赔偿。双方就该事项进行过多次协商,部分协商系通过电话进行。由于双方未能在庭外达成和解,A遂向地区法院提起诉讼,要求B支付34,500马克及利息。诉讼中,他特别提到了双方于1995年10月5日的一个电话中已达成协议,B同意向其支付相应的赔偿。为了证明该主张,A申请其女儿C作证,因为C在免提系统上听到了这个电话内容。在该案中,初审法院最后以原告证据不足为由驳回了A的诉讼请求;但是联邦高等法院采信了C的证言,并推翻了初审法院的判决。联邦高等法院认为,在商业活动中,电话交谈是一种很普遍的情况,因此如果一方不希望第三方听闻电话交谈内容,应当将该意思明确表达给对方。如果没有表示,则可视为其默许第三人听闻电话交谈内容。因此C的证言应当不受证据使用禁止的限制。B不服,上诉至宪法法院,坚称C侵犯了其受《基本法》(第1条第1款、第2条第1款以及第10条第1款)保护的人格权及通信秘密权,因此不得作为证据使用。②

---

① 1 BvR 1611/96; See BVerfG, Beschluss des Ersten Senats vom 09. Oktober 2002 - 1 BvR 1611/96 -, Rn. (1-63).

② 1 BvR 805/98; See BVerfG, Beschluss des Ersten Senats vom 09. Oktober 2002 - 1 BvR 1611/96 -, Rn. (1-63).

在上述两个案件中，都涉及同一个问题，即通过扬声系统知悉他人电话交谈内容的证人证言能否作为证据使用。对于该问题，德国联邦宪法法院最后认为，上述两个案件中证人 C 的证言均未侵犯 B 的通信秘密权，但是侵犯了 B 作为一般人格权的口头言语权，并以此为由推翻了邦高等法院的判决。[①] 法院在判决中指出，联邦宪法法院过往的判例中已经明确《基本法》保障的一般人格权既包括个人的肖像权，还包括交谈的言语权，该权利保障个人言语交谈的自我决定权，体现为说话人有权决定说话内容的受众为特定人或者公众。话语权的保护不取决于所交谈的信息是否具有私密性或敏感性，只有当说话人同意时，第三人对交谈内容的听闻才不会构成对说话人言语权的侵犯。上述案件中，B 已行使了自决权，他们只想与各自的缔约方进行对话，以便与他们就合同执行的有关事项进行商谈。因此第三人 C 聆听双方的电话交谈已经侵犯了 B 的一般人格权。[②]

此外，联邦宪法法院还特别指出，法律对一般人格权的保护并不是绝对的，但是对一般人格权的侵犯是否具有正当性，取决于被侵害的一般人格权与利用侵犯该权利之证据所保障的利益之权衡结果。法院也强调，除非存在更高更值得保护的利益，否则不能侵害一般人格权。这种更高更值得保护的利益，在民事诉讼中，可以表现为正当防卫或类似正当防卫的情形，如当匿名来电者伪装成他人进行诽谤时，为了确定匿名来电者的身份而进行的秘密录音，又或者为预防勒索采取的措施等。若仅为了实现民事请求权之证据的利益只能属于一般的证据利益，不能构成侵犯一般人格权之正当理由。上述两个案件中均不存在特殊情形，都只存在一般的证据利益，因此不存在侵犯一般人格权的正当理由。[③]

---

① 1 BvR 805/98; See BVerfG, Beschluss des Ersten Senats vom 09. Oktober 2002 – 1 BvR 1611/96 –, Rn. (1 – 63).

② 1 BvR 805/98; See BVerfG, Beschluss des Ersten Senats vom 09. Oktober 2002 – 1 BvR 1611/96 –, Rn. (1 – 63).

③ 1 BvR 805/98; See BVerfG, Beschluss des Ersten Senats vom 09. Oktober 2002 – 1 BvR 1611/96 –, Rn. (1 – 63).

案例三：

在2003年一宗涉及确认亲子关系的案件中，[①]丈夫（原告）在妻子未知情的情况下，私自将儿子咀嚼过的口香糖及其本人的唾液作为样本委托私人机构进行亲子鉴定，并将鉴定报告作为证据请求法院确认其与儿子之间不存在亲子关系。该案争议的一个问题就是原告私下秘密进行亲子鉴定获得的鉴定报告能否作为证据使用。原审法院驳回原告的请求，理由之一就是认为原告未经妻子及儿子的同意，秘密进行亲子鉴定严重侵犯了孩子的信息自决权以及孩子母亲的监护权，因此不能将鉴定报告用作证据。实际上，本案涉及原告对孩子父亲的知情权以及孩子信息自决权两项基本权利之间的冲突，但经过权衡后，法院认为原告的知情权并不优先于孩子的信息自决权。在后来的上诉审中，联邦高等法院、联邦最高法院和宪法法院均维持了初审法院的判决，在亲子鉴定报告能否作为证据问题上，上诉审的几个法院基本认同初审法院的意见，均认为基因的检测应征得孩子本人或者监护人的同意，原告秘密进行的DNA鉴定侵犯了该名孩子受《基本法》第2.1条和第1.1条所保障的人格权，具体表现为信息自决权。联邦最高法院特别指出，《基本法》保障的一般人格权只有基于重大的公众利益并结合比例原则的情况下，才能予以限制。联邦宪法法院亦强调，本案中，法院必须审视使用这些秘密获取的关于他人的数据以及从中取得的信息是否与其一般人格权兼容。在对司法审判中的利益和保护信息自决权的利益进行权衡时，只有存在超出提出证据的利益，对提交数据和信息的使用才更为重要。在这种情况下，尽管侵犯了人格权，但使用数据的利益更值得保护。

与权利位阶区分以及证据提出禁止与证据使用禁止区分的主张相比，以比例原则为基础的利益权衡论赋予法官较大的自由裁量权，由法官在个案中综合

① BVerfG, Judgment of the First Senate of 13 February 2007 - 1 BvR 421/05 - , paras. (1 - 101).

权衡取证手段违法程度、侵害权利的性质、取证手段是否具有唯一性等各方面因素后决定是否对非法证据予以排除。相较于前两种折中立场，利益权衡论因案制宜，似乎更为科学、合理，但是这也并非无懈可击的完美主张。在理论层面上，以比例原则为基础的利益权衡论也存在一些质疑或是问题。譬如，2018 年有些学者就从法经济学的角度出发，对比例原则提出了批判与质疑。在他们看来，与经济学中的成本收益分析方法相比，比例原则无法全面关照决策者应考虑的各种成本与收益因素。[①] 从法学方法论的角度来看，比例原则是个不尽合理的制度，在理论上存在严重的缺陷，内涵空洞杂乱，因此，在司法裁判中不宜作为实质合理性分析方法广泛适用。[②] 日本学者高桥宏志则曾经指出，这种综合分析的考量方法较为抽象，难以作为解释论的基础。[③]

第二节　现代法律制度的选择：来自域内外实证法的考察

非法证据的使用涉及查明真相与实体法界限之间的矛盾，涉及查明案件事实真相在程序法中的地位以及法律制度的统一性等问题。从实在法的角度来看，鉴于不同国家、地区有不同的法律文化传统与法律制度，因此不同国家、地区对待这一问题的立场也存在差异。概言之，主要有以下四种模式。

一、绝对排除

这一立场原则上不允许在法庭上使用非法取得的证据，或者说法院不得采用非法证据作为裁判的依据。持这一严格立场的代表性国家与地区主要有

① 参见戴昕、张永健：《比例原则还是成本收益分析法学方法的批判性重构》，载《中外法学》2018 年第 6 期。

② 参见戴昕、张永健：《比例原则还是成本收益分析法学方法的批判性重构》，载《中外法学》2018 年第 6 期。

③ 参见［日］高桥宏志：《重点讲义民事诉讼法》，张卫平、许可译，法律出版社 2007 年版，第 41 ~ 44 页。

三个。

（一）俄罗斯

虽然苏联的法律制度中将发现真相奉为程序法的一个至上原则，但是与其颇有渊源关系的俄罗斯似乎并没有在立法中继续一味地强调这一原则。俄罗斯《宪法》第50条第2款中明确规定，“在从事司法活动的过程中不许利用通过违反联邦法律而获得的证据”；在此基础上，俄罗斯《民事诉讼法》第55条第2款进一步规定：“违反法律获得的证据不具有法律效力，法院不能据此作出判决。”这意味着法院只要确信证据是非法取得的，就不会考虑证据是否与当事人之间的争议有关。换言之，非法获得的证据在俄罗斯的民事诉讼中将被排除使用，法官不得将其作为裁判的依据。司法实践中，俄罗斯的法官也是非常严格地适用上述法律。如在2012年的一个上诉案中，法院就拒绝对原、被告之间的电话通话录音进行审查。在判决中，法院指出，每个人都有权享有其个人通信的隐私权，这种隐私权只能通过法院命令加以限制。在没有法院命令的情况下，非法获取的电话记录不能作为证据使用。①

（二）克罗地亚

克罗地亚对非法证据持有非常严格的立场与态度。与俄罗斯一样，克罗地亚也是在宪法中就这一问题专门作出规定。在2000年通过的宪法修正案中，克罗地亚创设了一条关于诉讼法的基本原则。根据该原则（克罗地亚《宪法》第29条第4款），②

---

① See Desicon of Supreme Court of Republic Bashkortostan (dated 6 September 2012, Case No. 33－10295/12.

② See The Constitution Of The Republic Of Croatia, Article 29: Everyone shall be entitled to have his/her rights and obligations, or suspicion or accusation of a criminal offence, decided upon fairly and within a reasonable time by an independent and impartial court established by law.

……

Evidence obtained illegally may not be admitted in court proceedings.

……

CONSTITUTIONAL COURT OF THE REPUBLIC OF CROATIA (Feb. 20, 2023), https://www.usud.hr/en/the-constitution.

非法获得的证据在诉讼程序中不具有可采性。虽然从宪法文本上来看,该原则似乎与刑事诉讼有关,但鉴于该条规定并没有对其适用领域进行区分,且克罗地亚《刑事诉讼法》(第10条)中已经确立了非法证据不具可采性的原则,因此,一些学者据以认为宪法修正案的规定实际上是将刑事诉讼中非法证据不可采的原则延伸适用于包括民事诉讼程序在内的所有诉讼程序。2009年,克罗地亚最高法院在一宗民事案件的裁判中亦表明,未经所涉人员同意和知情而通过电话进行的通话录音不得作为证据使用。① 这也印证了前述一些研究对克罗地亚《宪法》第29条第4款的理解,即非法证据不可采的原则同样适用于民事诉讼程序。

(三)罗马尼亚

罗马尼亚只在刑事诉讼法中规定了非法获取的证据不具有可采性,民事诉讼法中对该问题未作出直接的规定,②但是罗马尼亚《宪法》第26条至第28条中明确规定公共当局尊重和保护私人和家庭生活;家庭,通信,电话和其他通信方式的秘密性不受侵犯。此外,罗马尼亚于1994年还批准了《欧洲人权公约》。2012年,在新修订生效的新《民事诉讼法》(NCPC)中,罗马尼亚还规定了合法性原则(第7条)。根据该原则,民事诉讼程序应当根据法律规定进行,而且法官有责任确保在诉讼中遵守关于实现当事人权利和履行义务的法律规定。另外,根据该法第341条之规定,只要不是通过违反法律或道德获得的照片、影印件、录像带、磁盘、磁带和其他类似的证据方法,均可以视为物证。据此,似乎可以推出,如果一个证据是通过违反法律或者道德的方式获取的,则不能视为物证。有研究亦据以认为,法律对收信人或第三人使用信件作为证据并不是没有限制的,通常它的可采性取决于信件的内容和获得信函的方式。实践中,当存在正当理由时(如证据是通过非法手段获得的)法官可以排除该类证据。③

---

① See the Supreme Court of the RC: Rev-x 35/09 - 2 from 18 of March 2009 (Selection of Decision of the Supreme Court of the RC, 1/09 - 273); See Slađana Aras Kramar, *Evidence in Civil Law-Croatia*, Institute for Local Self-Government and Public Procurement, Maribor, 2015, p. 38.

② See Sebastian Spinei, *Evidence in Civil Law-Romania*, Institute for Local Self-Government and Public Procurement, Maribor, 2015, p. 22.

③ See Sebastian Spinei, *Evidence in Civil Law-Romania*, Institute for Local Self-Government and Public Procurement, Maribor, 2015, p. 23.

二、部分排除

主要表现为在立法或判例中明确禁止使用部分非法证据，其他未明确的情况则由法官根据个案自由裁量。其中，有些国家、地区甚至在立法中表明以非法证据排除为一般原则，个别情况下，法官通过自由裁量可以采纳、使用非法证据。

（一）希腊

与克罗地亚相似，希腊的宪法中也有关于禁止使用非法证据的规定，但是在涉及较高法律价值的情况下，补充适用利益平衡原则。希腊《宪法》在第9条、第9A条以及第19条中分别规定了公民的住宅、个人私生活、家庭生活、个人信息以及通信秘密受到宪法的保护。第19条第3款规定，禁止使用违反本条以及第9条和第9A条规定获得的证据。据此，凡是通过侵犯宪法保障的通信秘密、个人信息或通过侵犯住宅、个人私生活以及家庭生活获得的证据均不具有可采性。

与此同时，希腊法院的判例显示，除了宪法上述规定，希腊还禁止使用违反《欧洲人权公约》第8条之规定（侵犯隐私权）获得的证据。2001年，希腊最高法院在1/2001号案的判决中就指出，未经他人许可而私自将进行的谈话录音，由于违反当事人意愿，某种程度上限制了当事人同他人进行交谈的自由，因此不能够作为证据使用。① 但是，法院同时也指出，这种禁止也并不是绝对的，当涉及对宪法上更高位阶价值（如生命权）的保护时，则允许存在例外；除此以外，任何主张例外的理由或依据都不成立。② 因此，基于《宪法》《欧洲人权保护公约》的规定及司法实践，希腊主流观点普遍认为以侵犯人的尊严或与人格有关

---

① See Decision of 1 / 2001 of AREIOS PAGOS (Supreme Civil and Criminal Court of Greece).

② See Decision of 1 / 2001 of AREIOS PAGOS (Supreme Civil and Criminal Court of Greece).

的权利的方式获取的证据不具有可采性。①

(二)法国

法国的民事诉讼法中对非法证据问题没有明确的规定,但有研究认为在法国,非法证据问题与民事诉讼中的证据公平性原则密切相关,而证据的公平性原则源自法国《民事诉讼法》第9条以及《欧洲人权公约》第6条关于公平审判权之规定。② 根据该原则,不允许在法庭使用通过不公平方式获得或提出的证据。法国《民法典》第259条第1款也明确规定,在离婚诉讼中,夫妻一方不得通过欺诈或者暴力的方式获取证据。从司法实践来看,法院似乎也倾向于不采纳通过欺骗或者非法方式获得的证据。譬如,法国最高法院(Cour de cassation)曾在2005年的一个案件中表明,在未经另一方同意的情况下,秘密进行的电话录音不得在法庭上作为证据使用。③由此可见,原则上,非法证据在法国的民事诉讼中一般也不具有可采性。2008年,法国最高法院在审理索尼及飞利浦公司因违反竞争法被处罚的上诉案时,再次表达了相同的立场,认为根据法国《民事诉讼法》第9条、《欧洲人权公约》第6条第1款以及在取证时的忠诚原则的规定,在讲话人不知情的情况下进行的电话录音,在程序上欠缺公平性,因此不能将其采纳为证据。④

但是,非法证据的排除在法国也并非绝对的,在某些特殊情况下也存在例外。2016年,法国最高法院在一个涉及人身损害赔偿上诉案的裁决中,在谈到保险公司委托的调查员通过对受害人进行监视而出具的调查报告能否作为证据使用时,就曾指出,根据法国《民法》第9条,《欧洲人权公约》第6条、第8条以及法国《民事诉讼法》第9条之规定,只有在侵犯隐私权的证据对于行使权利是必不可少的,并且这种侵犯与所追求的目标是成比例的情况下,证明权对隐

---

① See Nikolaos M. Katiforis, *Evidence in Civil Law-Greece*, Institute for Local Self-Government and Public Procurement, Maribor, 2015, p. 23.

② See Martin Oudin, *Evidence in Civil Law-France*, Institute for Local Self-Government and Public Procurement, Maribor, 2015, p. 44 – 45.

③ See Decision of Cour de Cassation, Chambre civile 2, du 7 octobre 2004, 03 – 12. 653.

④ See Arrêt n° 587 du 7 janvier 2011 (pourvois n° 09 – 14. 316 et 09 – 14. 667).

私权的侵犯才具有正当性。换言之,在这种情况下,即使是侵犯隐私权获得的证据,也具有可采性。[①] 由此可见,在个别情况下,法国的法官可以通过自由裁量权采纳非法证据。

(三)西班牙

西班牙《民事诉讼法》第283条第3款中规定,任何法律禁止的活动都不得作为证据;《民事诉讼法》第287条以及1985年《司法组织法》(Ley Orgánica 6/1985)第11条第1款则进一步规定,违反基本权利而获得的证据不具有法律效力。根据西班牙《宪法》的规定,有学者将《宪法》规定的基本权利划分为实体性的基本权利和程序性的基本权利,并认为前述规则仅限于侵犯了实体性基本权利的证据;对于侵犯了程序性基本权利而获得的证据,理论上将其称为不合规的证据,不合规证据不适用排除规则。[②] 根据西班牙《民事诉讼法》的规定,如果取证行为侵犯了当事人的程序性基本权利,其法律后果表现为有关程序无效。[③]

(四)葡萄牙

葡萄牙《民事诉讼法典》中没有专门针对非法证据的法律规定,但是基于葡萄牙《宪法》第32条第8款中关于通过酷刑、胁迫、侵害人身或道德品格,或者非法侵犯私人生活、住宅、通信或电信等手段获得的所有证据都是无效的,以及《民事诉讼法典》(*Código De Processo Civil*)第417条第3款关于允许当事人或指定的人拒绝配合任何侵犯基本权利(譬如侵犯人的身体或是精神的完整、侵入私人的生活、住所、邮件或其他通信等)或相关利益(通常指与国家或专业秘密有关)的取证行为之规定,一般认为任何通过违法行为获取的证据都会被视为无效。[④]

---

① See Arrêt n° 191 du 25 février 2016 (15 - 12. 403).

② See Armenta Deu, *La prueba ilícita* (*un estudio comparado*), Marcial Pons, 2006, p. 46 - 47; Núria Mallandrich Miret, *Evidence in Civil Law-Spain*, Institute for Local Self-Government and Public Procurement, Maribor, 2015, p. 10.

③ See Núria Mallandrich Miret, *Evidence in Civil Law-Spain*, Institute for Local Self-Government and Public Procurement, Maribor, 2015, p. 10.

④ Isabel Alexandre, *Provas Ilícitas em Processo Civil*, Coimbra, Livraria Almedina, 1998, p. 287 - 288.

因此,在葡萄牙,非法证据一般也是不能够在法庭上使用的。但是,有研究表明也有例外,即如若当事人不能通过其他方式证明主张的事实,法官经过权衡,也可以在诉讼中接纳一个非法证据。[①] 在这种涉及利益权衡的情况中,非法证据在庭上的使用被视为存在正当理由。[②] 譬如,在因违反夫妻义务导致夫妻关系破裂的离婚诉讼中,夫妻一方未经另一方同意私自对对方的辱骂言语进行的录音,或者对对方不忠的行为进行的拍照录像,并非都不能在法庭上作为证据使用。很多时候,法官经过利益权衡后也很有可能将其采纳为证据。[③] 总而言之,就是根据相称性、必要性和充分性原则对其涉及的法律价值和利益进行权衡,目的在于根据诉讼的预期效果和当事人的状况,平衡当事人的权利并将其与权利的限制联系起来。

另外,根据葡萄牙《民事诉讼法典》第 542 条以及第 543 条之规定,非法取证的行为还可能会因为构成恶意诉讼承担相应的责任或者因为触犯刑法面临被刑事起诉。[④]

(五)斯洛伐克

2015 年 5 月 21 日,斯洛伐克通过了新的《民事诉讼法典》,并于 2016 年 7 月 1 日开始生效。依照新的《民事诉讼法典》(*Civilný sporový poriadok*)第 15 条之规定,任何证据都没有预设的法律效力,诉讼各方提交的证据由法官依照该法确定的原则自由裁量;第 187 条第 1 款则规定,任何有助于澄清问题以及从证据方法合法获得的东西都可以作为证据;与此同时,第 16 条第 2 款中亦明确规定,法院在审理和裁判案件时,不得使用违反法律取得的事实和证据,除非依

---

① See Maria João Mimoso, Sandra C. Sousa& Vitor Hugo Meireles, *Evidence in Civil Law-Portugal*, Institute for Local Self-Government and Public Procurement, Maribor, 2015, p. 65.

② See Maria João Mimoso, Sandra C. Sousa& Vitor Hugo Meireles, *Evidence in Civil Law-Portugal*, Institute for Local Self-Government and Public Procurement, Maribor, 2015, p. 65.

③ See Maria João Mimoso, Sandra C. Sousa& Vitor Hugo Meireles, *Evidence in Civil Law-Portugal*, Institute for Local Self-Government and Public Procurement, Maribor, 2015, p. 65.

④ See Maria João Mimoso, Sandra C. Sousa& Vitor Hugo Meireles, *Evidence in Civil Law-Portugal*, Institute for Local Self-Government and Public Procurement, Maribor, 2015, p. 64.

照该法第 3 条第 1 款之规定，有正当理由使用违法获得的证据。据此，理论上一般认为斯洛伐克原则上也是不允许法官采用非法获取的证据，但是出于保护比因非法证据受侵害的权利更重要的法益，也可以允许有例外。①

（六）拉脱维亚

拉脱维亚的法律中没有“非法证据”或者是“非法获得的证据”的概念，更没有与之相关的可采性规定。关于证据的可采性问题，拉脱维亚《民事诉讼法》第 95 条作出了一般性的规定。首先，根据该条，法院只能采纳法律规定的证据；其次，根据法律之规定，只能由特定种类证据证明的事实不得由其他种类的证据予以证明。鉴于该法第 8 条第 1 款中还规定法官应通过审查根据法律规定的程序获得的证据来确定案件事实，主流意见认为由法官审查并认定事实的证据必须是合法的，而且必须是依照法律规定的程序收集的，不能是违反法律规定取得的。因此，法官在考虑证据的可采性问题时，除了要关注证据形式本身，证据的获取方法也是需要纳入考虑的问题。②

（七）澳大利亚

澳大利亚 1995 年《证据法》（*Evidence Act* 1995）中对非法证据在诉讼中的可采性问题作出了明确的规定。根据该法第 138 条之规定，在澳大利亚的诉讼中，因不当行为、违反澳大利亚法律获取的非法证据原则上不具有可采性。然而，这一原则也并非绝对的。根据澳大利亚 1995 年《证据法》第 135 条以及第 136 条之规定，法院对证据的排除、使用拥有一般自由裁量权；当证据可能带来的危险远远大于证据的证明价值时，则法院可以拒绝接受该证据；如果证据会对当事人产生不公平的偏见，或者存在误导、疑惑性，则法院可以限制使用该证

---

① See Svetlana Ficová, *Civil Litigation Procedure-a New Code of Procedure of the Slovak Republic*, International and Comparative Law Review, Vol. 16:1, p. 23 – 37 (2016); Jana Vnuková, *Evidence in Civil Law-Slovakia*, Institute for Local Self-Government and Public Procurement, Maribor, 2015, p. 37 – 38.

② See Ja¯nis Rozenfelds, Daina Ose & Martins Osis, *Evidence in Civil Law-Latvia*, Institute for Local Self-Government and Public Procurement, Maribor, 2015, p. 67 – 68.

据。在此基础上,该法第 138 条第 1 款进一步规定,法官对于通过不当行为或非法行为获得的证据享有自由裁量权。具体而言,因不当行为、违反澳大利亚法律而获取的证据一般不具有可采性,除非接受该证据的可取性大于接受以这种方式获得的证据之不可取性。除此以外,该条第 3 款还以未穷尽的方式列举了若干法官在行使自由裁量权时应当考虑的因素,具体包括:(a)证据的证明价值;(b)证据在诉讼中的重要性;(c)有关罪行的性质,诉因或抗辩的因由,以及诉讼标的的性质;(d)不当或违反的严重性;(e)不当或违法行为的主观状态(故意还是过失);(f)不当或违法行为是否侵犯了《公民权利与政治权利国际公约》所承认公民权利;(g)是否曾针对不当行为或违法行为采取了其他任何程序;(h)在没有不当或违反法律的情况下获取证据的困难等。

由此可见,原则上,通过不当行为或违法行为获得的证据不可以在澳大利亚的民事诉讼中使用,但与此同时,澳大利亚 1995 年《证据法》在这个问题上还赋予了法官自由裁量权,即法官经过权衡之后,如果认为采纳非法获得的证据的结果利大于弊,则可以使用该证据。

(八)中国

1. 内地

我国内地主流的证据法学理论、学说以及司法实务在证据能力问题上均一致认为司法证据应当具有“三性”——关联性、真实性以及合法性。[①] 其中,就合法性问题的法律规定,最早可以追溯至 1995 年 3 月 6 日的一个司法解释——最高人民法院《关于未经对方当事人同意私自录制其谈话取得的资料不能作为证据使用的批复》[②]。在这个批复中,第一次提到了民事诉讼中的非法证据排除问题,并将取证途径合法与否作为证据排除的标准,批复中规定:“证据的取得必须合法,只有经过合法途径取得的证据才能作为定案的根据。未经过对方当

① 参见邵明:《正当程序中的实现真实——民事诉讼证明法理之现代阐释》,法律出版社 2009 年版,第 231 ~ 242 页。

② 依据最高人民法院《关于废止部分司法解释(第十三批)的决定》(法释〔2019〕11 号),该司法解释自 2019 年 7 月 20 日开始已因被废止而失效。

事人同意私自录制其谈话，系不合法行为，以这种手段取得的录音资料，不能作为证据使用。”虽然该规则的设立对于抑制非法取证、保障人权等具有积极的意义，但随着实践的发展，这一规则在理论界和实务界都遭到不少诟病。例如，有意见认为，并非所有的谈话内容都涉及隐私，私自录制他人的对话并非一定会侵犯他人的隐私权，将当事人的同意作为判断录音合法性的标准过于苛刻。鉴于此，2001 年年底，最高人民法院在颁布的《关于民事诉讼证据的若干规定》[①]中对该问题作出了新的解释。根据该规定第 65 条（现行最高人民法院《关于民事诉讼证据的若干规定》第 87 条）第 3 项规定，法官需要对证据的形式、来源是否符合法律规定进行审核认定。由此进一步确认了民事诉讼对当事人获取证据的方法、程序具有合法性的要求。然而，对于来源不符合法律规定的证据，效力如何，法院应当如何处理，法律并未直接作出规定，但是上述文件在第 68 条[②]中规定，“以侵害他人合法权益或者违反法律禁止性规定的方法取得的证据，不能作为认定案件事实的依据”。有学者认为该条实质上设置了我国民事非法证据排除的一般规则。[③] 根据该条规定，民事审判中非法证据排除适用于“取证方法侵害了他人合法权益或者违反法律禁止性规定”的情形，但由于规定过于笼统，该条在实践中也遭到不少批判。如有意见认为该排除规定过于片面和绝对，在适用时未考虑被侵害利益的大小，不问侵害程度的轻重；[④]并且存在过于强调程序的嫌疑，不利于发现民事案件事实真相等。[⑤] 2015 年，最高人民法院在《关于适用〈中华人民共和国民事诉讼法〉的解释》（以下简称《民诉法司法解释》）第 106 条中进一步限制了非法证据排除的适用范围，将非法证据中的“非法”范围进一步限定为“严重侵害他人合法权益、违反法律禁止性规定或者严重违背公序良俗”的行为。《民诉法司法解释》第 106 条规定：“对以严重侵害他人

---

① 最高人民法院于 2019 年对该规定进行了修订，修订后的《关于民事诉讼证据的若干规定》于 2020 年 5 月 1 日开始实施。

② 最高人民法院在 2019 年《关于修改〈关于民事诉讼证据的若干规定〉的决定》中已经删除了该条。

③ 参见李浩：《民事诉讼非法证据的排除》，载《法学研究》2006 年第 3 期。

④ 参见李浩：《民事诉讼非法证据的排除》，载《法学研究》2006 年第 3 期。

⑤ 参见李祖军：《论民事诉讼非法证据排除规则》，载《中国法学》2006 年第 3 期。

合法权益、违反法律禁止性规定或者严重违背公序良俗的方法形成或者获取的证据，不得作为认定案件事实的根据。”

从解释论的角度来看，《民诉法司法解释》第106条之规定实质上体现了取证行为与证据使用区分（有些学者将其解读为“证据收集与证据评价”[①]）的思维。依据该条的规定，并非所有通过非法手段或方式获取的证据在民事诉讼中都不具有可采性。换言之，合法取证并非证据使用的必要条件，证据收集违法并不必然导致证据使用违法。[②] 因此，即使证据是通过非法方式获取或形成的，但是只要违反的法律规范不属于禁止性规范，对他人合法权益的侵害以及对公序良俗的违反未达到“严重”的程度，则在民事诉讼中仍然是可以作为证据使用的。至于哪些情况构成“严重”的程度，法律未进一步作出规定，司法实践中，由法官依据个案裁量。

实务中，目前内地法院的审判逻辑基本上是依照上述司法解释确定的标准来裁量非法证据是否应予以排除。从相关司法案例来看，在各类民商事审判实践中，对以非法方式获取、形成的证据，法院真正予以排除的例子并不常见。例如，对于当事人私自录制的录音、录像，法院一般不会径直以未经有关当事人同意擅自录制为由予以排除，因为“偷录偷拍仅是在对方当事人或者相关第三人不知情或者未经其同意的情况下所作出的，并非必然会侵害到对方当事人或者相关第三人的隐私权等基本权利或公共利益”[③]。2006年，北京市第一中级人民法院曾在一宗民间借贷纠纷案的判决中指出，被上诉人提供的录音资料虽然未经上诉人同意，但既没有侵害到其他人的合法权益，也没有违反法律的禁止性规定，该录音资料可以作为合法的证据采信。[④] 因此，该类证据是否予以排除，主要还是取决于取证行为是否严重侵犯了他人合法权益，是否违反了法律

---

① 参见周翠：《民事非法证据排除的规范解释与实务观察》，载《中国法学》2020年第3期。

② 参见周翠：《民事非法证据排除的规范解释与实务观察》，载《中国法学》2020年第3期。

③ 邵明：《正当程序中的实现真实——民事诉讼证明法理之现代阐释》，法律出版社2009年版，第241页。

④ 参见北京市第一中级人民法院民事判决书，（2006）一中民终字第7422号。

禁止性规定以及是否严重违背公序良俗。[①] 另外，虽然证据的收集方法、形成方式存在瑕疵，不符合法律规定，但只要该规定不属于法律禁止性规定，一般也不予以排除。如在2017年一宗涉及侵害商标权的上诉案中，被上诉人就被诉侵权产品的过程进行了公证保全，但上诉人认为公证违反了公证管辖规定，据以作出的公证书应不具有证据效力。对此，浙江省高级人民法院在判决中指出，“关于公证地域管辖的规定系管理性规定，超越地域管辖范围所做的公证虽在程序上存在一定瑕疵，但不属于最高人民法院《关于适用〈中华人民共和国民事诉讼法〉的解释》第106条规定的不得作为认定事实根据的非法证据，因此对涉案公证书的证据资格仍应予认定”[②]。

除此以外，在证据的合法性这个问题上，关于陷阱取证[③]的合法性问题在内地曾一度受到广泛关注。我国加入WTO后，随着知识产权保护体系的日渐完善以及商业贸易的蓬勃发展，与知识产权商业维权相关的民事案件也日渐增多，但由于知识产权侵权行为通常具有隐蔽性强、取证难的特点，因此，陷阱取证成为该类案件中颇受欢迎的一种取证方法。对此，最高人民法院在2002年10月15日开始施行的《关于审理著作权民事纠纷案件适用法律若干问题的解释》中专门作出规定，一定程度上认可了这种取证方法。根据该司法解释第8条规定，当事人自行或者委托他人以订购、现场交易等方式购买侵权复制品而取得的实物、发票等可以作为证据。公证人员在未向涉嫌侵权的一方当事人表

① 河南省商丘市中级人民法院(2017)豫14民终4354号民事判决书、江苏省宿迁市中级人民法院(2017)苏13民终3201号民事判决书、四川省德阳市中级人民法院(2017)川06民终1677号民事判决书、北京知识产权法院(2016)京73民终474号民事裁定书以及最高人民法院(2015)民提字第212号民事判决书中都表达了类似的观点。

② 参见浙江省高级人民法院民事判决书，(2016)浙民终899号；其他类似的案例还可以参见浙江省高级人民法院民事判决书，(2017)浙民终799号。

③ 陷阱取证最初是刑事案件中一种特殊的侦查手段和方法。理论上，一般认为，民事陷阱取证是指“一方当事人为了获取对方当事人侵权或者违约的证据，以某种行为有利可图为诱饵，诱导对方当事人实施侵权或者违约行为，待行为人实施或者结果发生后获取证据的特殊取证手段”。通俗来讲，就是权利人隐匿自己的真实身份，以一般消费者的名义去购买侵权产品，并将其作为诉讼中的证据。参见叶青、韩东成：《民事陷阱取证之再探讨——兼论北大方正诉高术软件侵权案的取证方式》，载《政治与法律》2007年第5期；陈锦川：《2002年北京高级人民法院著作权判例要点及评析》，载CCTV网2023年6月10日，http://www.cctv.com/tvguide/tvcomment/tyzj/zjwz/7770_2.shtml。

明身份的情况下,如实对另一方当事人按照前款规定的方式取得的证据和取证过程出具的公证书,应当作为证据使用,但有相反证据的除外。由此可见,在民事诉讼中,通过陷阱取证方式获得的证据原则上具有可采性。

事实上,早在1995年,北京市高级人民法院就曾制定过一个《关于审理计算机软件著作权纠纷案件的几个问题的意见》,[①]其中第2条第3款规定,"当事人提供的证据必须是合法取得的。当事人以强迫、引诱、欺骗或者其他不合法手段收集的证据不予认定"。据此,北京的法院一般倾向于认为,通过陷阱取证获得的证据,只要没有存在强迫、欺骗、引诱的情形,则可以获得认可。[②] 但实践中,各级法院对该问题的处理也并非全然一致。[③] 对此,最高人民法院于2006年在号称全国最大的反盗版案——北大方正公司与高术天力等计算机软件著作权纠纷案中首次明确了"陷阱取证"的合法性问题。[④]

在该案的判决中,最高人民法院指出,"在民事诉讼中,尽管法律对于违法行为作出了较多的明文规定,但由于社会关系的广泛性和利益关系的复杂性,除另有明文规定外,法律对于违法行为不采取穷尽式的列举规定,而存在较多的空间根据利益衡量、价值取向来解决,故对于法律没有明文禁止的行为,主要根据该行为实质上的正当性进行判断。就本案而言,北大方正公司通过公证取证方式,不仅取得了高术天力公司现场安装盗版方正软件的证据,而且获取了其向其他客户销售盗版软件,实施同类侵权行为的证据和证据线索,其目的并无不正当性,其行为并未损害社会公共利益和他人合法权益。加之计算机软件著作权侵权行为具有隐蔽性较强、取证难度大等特点,采取该取证方式,有利于

---

① 参见北京市高级人民法院《关于印发〈关于审理计算机软件著作权纠纷案件的几个问题的意见〉的通知》(京高法发〔1995〕192号)。

② 参见《人民法院案例与评注:知识产权(民事十一卷)》,中国法制出版社2006年版,第327页;陈锦川:《2002年北京高级人民法院著作权判例要点及评析》,载CCTV网2023年6月10日,http://www.cctv.com/tvguide/tvcomment/tyzj/zjwz/7770_2.shtml。

③ 如在北大方正公司、红楼研究所与高术天力公司等计算机软件著作侵权纠纷一案中,一审法院与二审法院对该问题的处理意见截然不同:一审法院认为该取证方式并未为法律禁止,故予以认可;二审法院北京高院则认为该取证方式有违公平原则,故不予认可以该方式形成的证据。

④ 参见安健:《北大方正与高术天力等计算机软件著作权纠纷案》,载《人民法院报》2019年8月17日,第3版。

解决此类案件取证难问题，起到威慑和遏制侵权行为的作用，也符合依法加强知识产权保护的法律精神”①。

总而言之，从20世纪90年代至今，相关立法的变化及司法实践来看，我国内地在民事非法证据排除问题上呈现一个逐渐严格的趋势与态度，其中最为显著的一个标志就是大大限缩了适用排除规则的非法证据的范围；而自2006年以来的司法实务中，法院对这一规则的适用也倾向于保持一种谨慎、克制保守的态度。

2. 澳门特别行政区

我国澳门特别行政区《民事诉讼法典》对非法证据的可采性问题作了明确的规定，并在第435条中确立了证据合规范原则，该条规定：“不得于审判中采用透过侵犯人之身体或精神之完整性，又或透过侵入私人生活、住所、函件及其他通讯方法而获得之证据。”由此可见，我国澳门特别行政区的民事诉讼制度也强调取证行为的合法性，即证据必须通过合法的方式获取，否则不具有可采性。

我国澳门特别行政区《基本法》在澳门的法律体系中具有宪制性法律的地位，其中第三章确认了我国澳门特别行政区居民的基本权利和义务。根据该章的内容规定，居民的基本权利包括但不限于言论自由（第27条）、人身自由不受侵犯（第28条）、私人生活和家庭生活的隐私权（第30条）、住宅和房屋不受侵犯（第31条）以及通信自由、通信秘密受保护（第32条）等。从我国澳门特别行政区《民事诉讼法典》第435条关于证据合规范原则的规定来看，民事诉讼中禁止使用的非法证据主要是针对侵犯了《基本法》规定的上述基本权利而获得的证据。

---

①　参见最高人民法院民事判决书，（2006）民三提字第1号。该案简要案情：原告为取得被告销售盗版软件的证据，遂委托员工及公证人员以个人名义向被告购买激光照排机，被告为其进行了安装，并应要求在原告自备的计算机上安装了侵权软件，并提供了含有该软件的刻录光盘。公证机关对此次取证过程和证据进行了公证保全。之后，原告将公证书作为诉讼证据。

三、原则不排除

与绝对排除、部分排除的方案相反，以非法证据不排除为原则的国家在立法上一般不明确禁止在民事诉讼中使用非法获得的证据，非法证据排除在司法实践中往往是作为一种例外存在。因此，不排除为主，排除为例外通常是这一原则的写照。持这一立场的代表性国家有英国、加拿大、瑞典、新西兰等。

（一）英国

在制定法层面，英国当前没有具体的法律明确规定非法取得的证据必须予以排除。1998 年，英国制定了《民事诉讼程序规则》。根据该规则第 32.1 条之规定，法院有控制证据的权力；该条第（2）款进一步规定，法院可根据本条规则行使其权力，排除本可接纳的证据。由此，虽然没有成文法明文规定非法证据排除，但是依据该条，法官享有排除证据的自由裁量权。同年，英国还通过了《人权法案》。该法案吸收了《欧洲人权公约》中的许多实质性条款，将包括生存权、尊重个人隐私权和家庭权在内的诸多个人权利引入英国国内法。因此，利用电子设备录音录像、监听、窃听以及黑客入侵电子邮件等行为都可能会构成侵犯法案权利的行为。尽管如此，从司法实践来看，受普通法传统证据理论的影响，无论是 20 世纪以前，抑或 21 世纪的今天，英国的法官似乎都倾向于将所有证据摆上法庭，热衷于依赖相关、可靠的证据查明事实真相，从而公平公正地处理案件，而不会仅仅因为该证据是通过不正当的途径获得的而将其予以排除。在他们看来，在诉讼中，最好对所有可获得的相关证据进行评估之后再作出裁判。在裁判过程中排除与合理结果有关的证据，需要非常充分的理由，因为一个无视相关证据的裁判结果受到非理性因素的破坏，因而是有缺陷的，甚至是缺乏合法性的。[①]

---

① See Rosemary Pattenden, *The Discretionary Exclusion of Relevant Evidence in English Civil Proceedings*, Int'l J. Evidence & Proof, Vol. 1:5, p. 361 – 385 (1997).

如在 2003 年的 Jones v. University of Warwick 人身伤害赔偿案[①]中,原告系被告的雇员,并在工作中不慎将手指弄伤,遂以手部造成了持续性的残疾为由向被告提出巨额赔偿。被告的承保公司派员以市场调查员的身份进入了原告的家,并用隐藏的摄像头拍摄到原告的手能正常使用,并没有所谓的残疾。原告根据《欧洲人权公约》第 8 条主张被告的视频证据侵犯了他的隐私权。初审法院拒绝使用该证据,但上诉法院采纳了该证据。原告最后上诉至最高法院。表面上看,被告保险员的行为毫无疑问已构成非法侵入他人住宅,但是法庭最后还是接受了该证据,理由在于法院认为人为的将具有相关性的证据排除在法庭外是不合理的,不应当试图通过排除证据干扰法官审判。[②] 该案涉及两种公共利益的冲突——在诉讼中查明案件真相以及法院不应当默许、鼓励当事人利用非法手段获得的证据(该案实质是涉及隐私权的保护)。关于如何去解决二者之间的冲突,最高法院认为,根据具体案件的事实、证据的重要性和违反第 8 条的严重性将有所不同。本案在进行权衡时不能忽视被告的保险员对进入原告的房屋并侵犯其隐私权应当承担的责任,[③]但排除证据并不是法庭的唯一选择,法院可以采取其他措施来阻止这种行为,譬如要求被告承担为解决证据可采性问题的诉讼费用。[④] 判决最后指出,法院必须在当事人之间伸张正义的同时,阻止当事人在进行诉讼时的不当行为。虽然这或许不是解决公共利益冲突最完美的解决方案,但是起码没有忽视被告方保险员的不当取证行为。[⑤]

又如,在 2010 年的 Imerman v. Tchengui 离婚纠纷案[⑥]中,Imerman (以下简称 I)与妻子 Tchengui(以下简称 T)的姐夫 R 在伦敦共享一间办公室和电脑系统。为避免 I 在离婚诉讼中隐瞒自己的资产,R 复制了 I 在办公室电脑中的信息和文件(包括密码保护的材料),并交给 T 的律师。I 遂申请 T 及其律师返还上述文件资料,法院批准了 I 的申请,但在谈到能否在诉讼中使用非法获得的信

① [2003] EWCA Civ 151.
② [2003] EWCA Civ 151.
③ [2003] EWCA Civ 151.
④ [2003] EWCA Civ 151.
⑤ [2003] EWCA Civ 151.
⑥ [2010] EWCA Civ 908.

息问题时，上诉法院指出，除某些例外情况外（如通过酷刑获得的信息），普通法在可采性问题上通常不会考虑获取证据的方式；但基于司法公正的考虑，法官可以行使自由裁量权，排除具有可采性的证据。在该案中，能否使用从I电脑上获得的文件的信息，涉及妻子获得公正审判权以及保护丈夫隐私权之间的权衡。法院既要考虑证据的重要性，又要考虑当事人违法行为的严重性，以及其他相关因素。①

再如，在2016年的Singh v. Singh股权纠纷案②中，为证明其主张，原告提供了与被告的会谈录音作为证据，且该录音是在被告毫不知情的情况下录制的。法院最后采纳了该录音证据并作为判决的基础。该案的Cook法官在判决中指出必须要谨慎对待这些证据，因为录音的一方可能会试图操纵谈话，从而导致可能断章取义的陈述；但他也认为，在这种情况下所说的话有很大的价值，因为双方当事人都清楚地知道他们正在讨论的问题的真相，并且（至少在一方）自由地谈论这些问题。③

另外，虽然英国的法律没有明文禁止使用非法获得的证据，但是根据相关的制定法，向法庭提交非法取得的证据，可能会产生其他的法律责任。譬如，获得证据的一方可能要承担侵犯隐私权的民事责任。2018年，英国还通过了新修订的《数据保护法案》。依据该法案（第170条），如果有关证据资料是通过黑客取得的，那么使用该证据的当事人还可能会因构成非法获取个人数据罪而承担相应的刑事责任。

（二）加拿大

传统上，加拿大与英国一样，非法证据无论是在刑事诉讼中，抑或在民事诉讼中一般都具有可采性，这一论断在不少判例中都能得到证实。④ 在1970年的

---

① ［2003］EWCA Civ 908.

② ［2016］EWHC 1432.

③ ［2016］EWHC 1432.

④ 部分案例可参见［1927］1 D. L. R. 386（Sask. K. B. 1926）；［1950］4 D. L. R. 499（Ont.）；Little and McDonald v. Little，1958 CanLII 27（SCC），［1958］SCR 566，18 D. L. R. 2d 742（Sask. C. A. 1959）。

Queen v. Wray 案[①]中,加拿大最高法院再次重申了非法取得的证据具有可采性的立场。在该案中,最高法院多数法官认为,如果某个证据的证明价值是不容置疑的,那么即使该证据在审判法官看来是不公平地获得的,法官也没有义务将其排除,而且法官也没有允许以对被告不公平为由排除相关证据的司法裁量权。虽然该案属于刑事案件,但是加拿大法院一般认为这一规则同样适用于民事诉讼。[②]

制定法方面,与美国一样,考虑到科技发展导致各种电子监视、监听技术给隐私带来的威胁和挑战,加拿大联邦及一些省自 20 世纪 60 年代末期、70 年代开始,也先后制定了专门保护隐私的法律。[③] 如 1970 年,加拿大曼尼托巴省通过了《隐私法》,[④]在明确侵犯隐私权的行为时,法案还特别规定使用电子设备对他人及其交通工具、住宅、居所进行监视、窃听,未经许可聆听、记录他人的对话,未经他人许可使用、持有他人日记、信件、私人信件的行为都属于侵犯他人隐私权的行为(第 3 条);并明确规定任何违反法案规定,通过侵犯他人隐私权获得的证据在任何民事诉讼中都不得作为证据使用(第 7 条)。

此外,加拿大众议院于 1973 年还通过了《隐私保护法》,其中第 178. 16 条专门规定了将被窃听的信息作为证据以及由窃听获得的证据的可采性问题。根据该条第 1 款规定,不得将拦截、窃听的私人通讯作为证据,也不得将借助窃听的信息而获得的针对通讯人的证据作为证据,除非该拦截、窃听是合法的,或经授权的对话者之一同意;[⑤]但与此同时,这种排除并不是绝对的,它受到第 178. 16 条第 2 款的限制,即在任何诉讼程序中,如果法官认为根据第 1 款不具有可采性的任何私人通信或其他证据为(a)具有相关性,且(b)仅因形式上的

---

① 11 DLR (3d) 673 — [1970] 4 CCC 1 — [1970] SCJ No 80 (QL).

② See Hans W. Baade, *Illegally Obtained Evidence in Criminal and Civil Cases: A Comparative Study of a Classic Mismatch II*, Texas Law Review, Vol. 52:4, p. 621 – 702(1974).

③ 不列颠哥伦比亚省于 1968 年率先制定了加拿大第一部隐私法;萨斯喀彻温省则于 1974 年制定了自己的隐私法。See Peter Burns, *The Law and Privacy: The Canadian Experience*, Canadian Bar Review, Vol. 54:1, p. 1 – 64(1976).

④ The Privacy Act, C. C. S. M. c. P125.

⑤ See Peter Burns, *The Law and Privacy: The Canadian Experience*, Canadian Bar Review, Vol. 54:1, p. 1 – 64(1976).

缺陷或程序上的不规范(不是实质性缺陷或不规范)而不具可采性,在申请或给予授权的情况下,该私人通信被截获,或通过该方法而获得的证据,或(c)如属证据(私人通信本身除外),将其排除可能会导致司法不公,则尽管有第1款的规定,他仍可在此类诉讼中接纳此类私人通信及证据作为证据。

(三)瑞典

瑞典的民事立法中也没有专门针对非法获取的证据的规范,但是有研究认为,基于自由提供证据以及证据自由评估原则,但凡具有证据价值的证据,瑞典都允许使用。[①] 只有极少数例外情况下才禁止使用某些证据。因此,法院在裁判时对证据的使用主要取决于该证据价值的大小,取证方式合法与否原则上不影响法院在裁判时对该证据的使用。换言之,即使当事人提交的证据是以不合法的方式获得的,原则上也不影响它在诉讼中的可采性。[②]

(四)新西兰

由于历史上曾经是英国殖民地,新西兰的法律体系很大程度上是以英国的法律为基础的。因此,与英国一样,新西兰实行的也是普通法法律制度,国会颁布的立法与法院的判决都属于新西兰的法律渊源。[③] 尽管在英国早期普通法的传统中,非法证据无论是在刑事诉讼抑或民事诉讼中都具有可采性,但是在这个问题上,新西兰并没有完全继受英国普通法的这一立场。从20世纪70年代中期开始,新西兰法院在一系列刑事案件的判决中表明,法官有权排除不当获得的证据,而这种排除权限的依据在于排除不正当获得的证据的自由裁量权和

① See Eric Bylander, *Evidence in Civil Law-Sweden*, Institute for Local Self-Government and Public Procurement, Maribor, 2015, p. 32.

② *Taking of evidence* : *Sweden*, European e-Justice (Feb. 20, 2023), https://e-justice.europa.eu/content_taking_of_evidence-76-se-maximizeMS_EJN-en.do? member=1#tocHeader1.

③ 参见[新西兰]托尼·安杰罗:《新西兰法律制度简介》,赵冉初、杨炎辉译,载《朝阳法律评论》2010年第1期。

法官处理滥用程序的权力。[①] 允许法官在刑事诉讼中基于不公平原则排除有关证据。1990 年,为充分贯彻《公民权利和政治权利国际公约》,新西兰制定颁布了《权利法案》(*New Zealand Bill of Rights Act 1990*),对公民的人权、基本自由予以保护。值得一提的是,该法案虽然明确了公民享有的各项权利与自由,但是却没有规定相应的救济措施。因此,在法案颁布后,针对违反该法案获得的证据,判例法中确立了表面排除规则(prima facie exclusionary rule),即除非存在充分的理由,否则原则上应当排除使用该类证据。[②]

2006 年,新西兰制定颁布了《证据法案》(*Evidence Act 2006*)。其中,第 7 条和第 8 条分别对证据的可采性及排除作了一般性的规定。第 7 条第 1 款规定,所有具有相关性的证据都具有可采性,但依照本法或者其他法案不具有可采性或者应当予以排除的证据除外;第 8 条第 1 款则规定,在任何程序中,如果证据存在的风险超过其证明价值,则法官必须排除该证据,这种风险既可以是在实体上会给诉讼结果造成不公平的、有害的影响,也可以是程序上引起诉讼程序的不必要拖延。除此以外,法案第 30 条还专门针对"不当获取的证据"(improperly obtained evidence)作出了规定。在该条中,法案通过不完全列举的方式明确了何谓不当获取的证据,具体包括但不限于《权利法案》第 3 部分适用的违反任何法律获取的证据、以不公平方式获取的证据等;对于不当获取的证据的效力,依据该条第 2 款至第 4 款之规定,法官应当根据权衡原则来决定是否予以排除。法官在进行权衡时,除了要考虑不当行为,还必须要考虑该证据对有效、可信的法律制度的必要性。具体而言,权衡过程中要考虑的因素包括但不限于受不当行为侵犯的权利的重要性以及被侵犯的严重性,不当行为的性

---

① See R v Capner [1975] 1 NZLR 411 (CA); Police v Hall [1976] 2 NZLR 678 (CA); R v Hartley [1978] 2 NZLR 199 (CA); Police v Lavalle [1979] 1 NZLR 45 (CA); R v Loughlin [1982] 1 NZLR 236 (CA); R v Grace [1989] 1 NZLR 197 (CA); Judgment of Karl Leslie Raymond Marwood v Commissioner of Police – [2016] NZSC 139.

② See Shane Campbell, *Exclusion of improperly obtained evidence in civil proceedings*, *A Review of the Customs and Excise Act* 2018, WynnWilliams(June. 12,2023), https://www. wynnwilliams. co. nz/insights/regulatory-prosecutions/exclusion-of-improperly-obtained-evidence-in-civil-proceedings-a-review-of-the-customs-and-excise-act-2018/.

质(尤其要考虑行为人主观上是故意的、恶意的抑或是疏忽大意的)，不当行为获取的证据的性质和数量，是否穷尽其他可以避免侵犯已知权利的取证方法，除了排除证据，被告是否还存在其他的救济措施；不当取证的行为是否具有必要性和紧急性等。法官依照上述相关因素进行权衡后，如果认为证据的排除与不当行为是相称的，则必须排除不当取得的证据。

值得注意的是，虽然上述制定法中明确了不当获取的证据及其效力，但是事实上，这一规定主要是针对刑事诉讼而言的，对于不当获取的证据在民事诉讼中的效力如何，《证据法案》中并未作出明确的规定。对于这个问题，新西兰最高法院在 2016 年 Marwood v Commissioner of Police 一案的判决中作了解答。最高法院认为，依据《证据法案》第 7 条第 1 款(b)项之规定，民事诉讼中法官有权排除违反程序或者违反《权利法案》获得的证据。① 值得注意的是，虽然新西兰最高法院在该案件中明确了法院有权排除不当获得的证据，但是鉴于该诉讼的一方是公共当局，因此，准确来说，该诉讼具有准刑事诉讼的性质，因此，该案确立的规则是否也适用于只涉及私人的民事诉讼，理论和实务中至今尚未形成定论。理论上，有意见反对在法律未明确作出规定的情况下，法官在民事案件中径直排除违反《权利法案》获得的证据。② 但无论如何，从《证据法案》第 7 条第 1 款、第 8 条第 1 款之规定来看，还是可以认为新西兰的法官在民事诉讼中对非法证据的可采性具有一定的自由裁量权，在满足第 8 条第 1 款的情况下，法官有权排除使用非法证据。

四、法官自由裁量与利益平衡

通常而言，对于非法获取的证据在民事诉讼中是否具有可采性的问题，采取折中立场的国家在立法或司法实践中均没有采取“一刀切”的做法，立法上一

---

① See Judgment of Karl Leslie Raymond Marwood v Commissioner of Police -［2016］NZSC 139.

② See The Law Commission, *The Second Review of the Evidence Act* 2006 (June 12, 2023), https://www.lawcom.govt.nz/sites/default/files/projectAvailableFormats/EA2%20-%20FINAL%20REPORT%20R142%20-%20Web%20Publishing.pdf.

般也不设置非法证据是否予以排除的一般规则。换言之,立法既不表明排除,也不表明允许使用,而是将这一问题交由法官自由裁量。这也是当前较多国家在立法和司法实践中采取的一种做法。

(一)德国

如前所述,普通法系中的“毒树之果”理论并不适用于德国民事诉讼。虽然德国民事诉讼领域也存在与之相对应的证据禁止理论,但是根据该理论,并非所有违法获得的证据在德国的民事诉讼中都不具有可采性。主流意见认为,非法证据在民事诉讼中是否具有可采性需要由法官根据个案情况,评估因该证据受侵犯的权利的重要性后决定。[①] 通常而言,如果取证行为侵犯了他人受宪法保护的基本权利(如隐私权),则该证据一般不具有可采性。例如,一个证据如果是通过侵犯他人的所有权而获得的,则具有可采性;但是,如果取得证据本身侵犯了另一方的基本权利,那么就有排除的理由,但是,这种排除是以利益平衡为前提的。德国新近的一些司法判例亦表明,一般情况下,秘密录音侵犯了他人基于《基本法》第1条第1款和第2条第1款享有的隐私权以及《刑法典》第201条规定的言语隐私权,在民事诉讼中不具有可采性。[②]同样,如果一个人在对话人(无论是其中一个还是所有谈话人)不知情的情况下偷听了他人的谈话,如果这些谈话内容具有私密或保密性,则他的证言一般不具可采性;退一步讲,即使谈话内容不涉及私密或保密性,他也侵犯了谈话人基于《基本法》第1条第1款和第2条第1款享有的一般人格权(言语的交谈权),因此其证言依然不具可采性。[③] 另外,根据德国《民事诉讼法》之规定,如果证人依法存在拒绝作证的权利,法院应告知证人。如若法院违反该规定,致使有权拒绝作证的证人作证的,理论研究和判例法的主流观点均一致认为,法官不得将该证人证言作为

---

① See Christian Wolf & Nicola Zeibig, *Evidence in Civil Law-Germany*, Institute for Local Self-Government and Public Procurement, Maribor, 2015, p. 53.

② BVerfG, NJW 1973, p. 891; BGH, NJW 1988, p. 1016.

③ BVerfG, Beschluss des Ersten Senats vom 09. Oktober 2002 – 1 BvR 1611/96 –, Rn. (1 – 63).

判决的依据。[1]

(二)奥地利

根据奥地利《民事诉讼法》的规定,证据的排除主要涉及以下三种非法证据:(1)与某些特定事实相关的证据不具可采性;(2)证据方法的禁止,即禁止使用某些证据方法;(3)取证方法的禁止,即禁止通过某些方法获取证据,否则该证据不具有可采性。[2] 因此,在理论上,"非法证据"与"通过非法方式获得的证据"在奥地利是两个不同的概念。虽然如此,但对于非法获取的证据在民事诉讼中是否具有可采性的问题,奥地利的法律中并没有作出明确的规定。虽然立法上没有对这个问题作出回答,但通过司法实践,理论上对此已形成了一些特定的原则:不绝对禁止使用非法获得的证据。例如,在一些案件中,法庭允许当事人使用违反私法或者是轻微触犯刑法而获取的证据,并且法律对法庭使用这些证据也没有任何限制,但与此同时,这绝非意味着进行非法取证的行为人对其行为没有任何责任,利益因此受到侵犯的一方可以要求其予以赔偿。[3] 除此以外,在一些特定情形中,非法获得的证据也是绝对禁止使用的,如通过触犯刑法,侵犯宪法保护的核心权利的手段(如殴打、绑架等)获取的证据、侵犯宪法基本权利的核心领域(如侵犯《欧洲人权公约》第5条确认的人身自由和安全权,通过暴力或酷刑获得证据)或者是违反诉讼程序法而获得的证据等。[4] 对于上述3类非法证据,法庭不得予以使用,否

---

① Zeiss, Die Verwertung rechtswidrig erlangter Beweismittel, ZZP 89 (1976), S. 77. See Christian Wolf & Nicola Zeibig, *Evidence in Civil Law-Germany*, Institute for Local Self-Government and Public Procurement, Maribor, 2015, p. 52.

② See Bettina Nunner-Krautgasser & Philipp Anzenberger, *Evidence in Civil Law-Austria*, Institute for Local Self-Government and Public Procurement, Maribor, 2015, p. 44.

③ See Bettina Nunner-Krautgasser & Philipp Anzenberger, *Evidence in Civil Law-Austria*, Institute for Local Self-Government and Public Procurement, Maribor, 2015, p. 44.

④ See Bettina Nunner-Krautgasser & Philipp Anzenberger, *Evidence in Civil Law-Austria*, Institute for Local Self-Government and Public Procurement, Maribor, 2015, p. 45.

则均可以构成上诉或者是撤销程序的理由。[①] 值得一提的是，奥地利2018年生效的《联邦个人数据保护法》[*Bundesgesetz über den Schutz personenbezogener Daten* (*Datenschutzgesetz-DSG*)]中明确了私人可以视频监控的正当情形(第12条第2款)，并确立了利益平衡及比例原则，以评估私人视频监控的合法性。基于此，奥地利最高法院在2018年5月24日的一个判决中就指出，数据保护法中列出的私人使用视频监控的正当理由不包括在民事纠纷中获取证据。为在民事纠纷中获取证据而使用视频监控会侵犯他人的人格权及基本数据保护权，监控录像不能在民事诉讼中作为证据。[②]

(三)爱尔兰

在爱尔兰，非法获取的证据具体分为两种：一是违反宪法获得的证据；二是违反一般制定法或者判例法获得的证据。根据爱尔兰的法律，前者通常在诉讼中不具有可采性，后者的可采性则由法官自由裁量决定。[③] 虽然这一规则最早是在刑事诉讼领域中确立的，但爱尔兰的相关司法判例显示，上述规则同样适用于民事诉讼领域。这意味着如果证据是非法但并非违宪获得的，法官有权自由裁量是否采纳或排除该证据，而裁量的依据则是基于公共利益的平衡或公共政策。[④]

---

① See Bettina Nunner-Krautgasser & Philipp Anzenberger, *Evidence in Civil Law-Austria*, Institute for Local Self-Government and Public Procurement, Maribor, 2015, p. 45.

② Case. No. :6 Ob 16/18y. 该案基本案情：原告和被告的房屋相邻，且原告只能通过一条经过被告房屋的道路通行。由于原告经常将其车辆非法停放在被告房屋区域的停车场，被告为此向法院申请禁令，禁止原告将车辆停泊在其停车场。为了获取证据证明原告日后可能继续存在违反禁令的行为，被告在自己的房子上安装了监控器，该监控器不仅指向自己的住宅区域，还覆盖了通往原告住宅的部分道路。原告遂起诉要求拆除视频监控系统。一审和二审法院驳回了原告的请求，但奥地利最高法院撤销了下级法院的裁决，将案件发回初审法院重审。

③ See Bríd Moriarty, *Evidence in Civil Law-Ireland*, Institute for Local Self-Government and Public Procurement, Maribor, 2015, p. 108.

④ See Bríd Moriarty, *Evidence in Civil Law-Ireland*, Institute for Local Self-Government and Public Procurement, Maribor, 2015, p. 108.

(四)斯洛文尼亚

在斯洛文尼亚的法律体系中,非法证据排除主要是刑事诉讼领域的一个制度,民事立法中并没有专门针对非法证据的规则,但理论研究及司法实践中不乏对该问题的讨论。根据斯洛文尼亚《民事诉讼法》的规定,主流的意见认为以非法或违宪的方式获得的证据在民事诉讼中并非都不具有可采性。[①] 针对非法证据,宪法法院在一些判决中基于利益平衡原则创设了一个严格限制非法证据的理论。法院在运用比例原则分析非法证据的取舍问题时,必须基于比例原则考虑哪些受宪法保障的权利更为重要。具体而言,必须要考虑对权利的限制是否存在正当理由(目的),考虑保障当事人的权利是否具有必要性、适当性以及保护一项权利的收益是否大于另一项权利的损失。[②] 在2004年10月的一个判决中,宪法法院指出,在某些情况下,侵犯他人隐私权的证据也具有可采性。[③] 但是法院也指出,只有存在充分合理的理由时,当事人才可以在民事诉讼中以侵犯隐私权的方式获取证据;而这种充分合理的理由就在于该证据对行使受宪法保护的权利是非常重要的。在这种情况下,法院必须要根据比例原则,认真审慎地考虑哪种权利应当优先获得保障。[④] 尽管如此,有学者还是强调,适当的权衡是裁判的基础,即如果证据是通过侵犯人权的方式获得的,则不应当允许在诉讼中使用,否则,会导致侵犯人权的情况在民事诉讼中反复出现。[⑤]

(五)荷兰

荷兰现行立法对非法获取的证据也没有作出专门性的规定,而是将相关的

---

① See Tjaša Ivanc, *Evidence in Civil Law-Slovenia*, Institute for Local Self-Government and Public Procurement, Maribor, 2015, p. 72.

② See Tjaša Ivanc, *Evidence in Civil Law-Slovenia*, Institute for Local Self-Government and Public Procurement, Maribor, 2015, p. 72.

③ See Decision of the Constitutional court of Slovenia, No. Up - 472/02 (07.10.2004).

④ See Decision of the Constitutional court of Slovenia, No. Up - 472/02 (07.10.2004).

⑤ See Tjaša Ivanc, *Evidence in Civil Law-Slovenia*, Institute for Local Self-Government and Public Procurement, Maribor, 2015, p. 78.

问题交给法院处理。[①] 在司法实践中，荷兰的法官原则上可以在诉讼中采用任何证据方法。当事人私自进行的录音、录像是否可以作为证据使用，也由法官自由裁量。从相关判例来看，司法实践中既有允许使用非法证据的情况，也存在排除非法证据的情形。譬如，非法窃取获得的信息并不必然会被排除作为证据使用，除非该信息的内容属于法律禁止公开的范畴。[②] 因此，非法获得的证据能否在民事诉讼中使用取决于法官，由法官对当事人的真实义务以及在民事案件中证明真相的利益进行权衡后作出决定；[③]但是，因非法取证而受到侵害的当事人可以对使用该证据或者进行非法取证的当事人提起侵权之诉。[④]

（六）瑞士

瑞士立法对非法证据的可采性问题作了明确的规定。瑞士《民事诉讼法》第 152 条第 2 项规定，只有当查明真相的价值优先时，非法获取的证据才具有可采性。不过，虽然立法作了表态，但是根据条文的规定来看，非法证据的取舍最终还是取决于相关利益的权衡，[⑤]由法官裁量决定。

（七）爱沙尼亚

爱沙尼亚《民事诉讼法》第 238 条第 3 项规定，如果证据是通过刑事犯罪或非法侵犯基本权利获得的，法院可以拒绝接受证据。据此，当事人在获取证据

---

① See C. H. Van Rhee, *Evidence in Civil Law-The Netherlands*, Institute for Local Self-Government and Public Procurement, Maribor, 2015, p. 12; C. H. van Rhee, *Evidence in civil procedure in the Netherlands: Tradition and modernity*, in C. H. van Rhee & A. Uzelac eds. ,Evidence in Contemporary Civil Procedure, Fundamental issues in a Comparative Perspective, Intersentia, 2015, p. 257 – 290.

② See C. H. Van Rhee, *Evidence in Civil Law-The Netherlands*, Institute for Local Self-Government and Public Procurement, Maribor, 2015, p. 14.

③ See C. H. Van Rhee, *Evidence in Civil Law-The Netherlands*, Institute for Local Self-Government and Public Procurement, Maribor, 2015, p. 14.

④ See C. H. Van Rhee, *Evidence in Civil Law-The Netherlands*, Institute for Local Self-Government and Public Procurement, Maribor, 2015, p. 14.

⑤ See Rijavec, V. , and T. Keresteš, *Restrictions on the Admissibility of Evidence*, Evidence in Contemporary Civil Procedure: Fundamental Issues in a Comparative Perspective, C. H. Van Rhee and Alan Uzelac eds. , Intersentia, 2015, p. 93.

时构成犯罪或者侵犯他人的基本权利的,可以构成法院拒绝采纳该证据的理由,但从中亦可以看出,法院没有义务必须拒绝采纳非法获取的证据,对于非法证据是否具有可采性的决定权在于法官。①

(八)美国

在判例法方面,1962 年 Sackler 一案的判决曾一度被视为是法院成功抵制将联邦刑事诉讼中非法证据排除规则延伸至民事诉讼的典型例子。虽然在此之后也出现了一些意见与其相左的判例,但不可否认的是,该案在判决之后,很快就成了主张私人非法获取的证据在民事诉讼中具有可采性的权威代表,在 1962 年之后的 10 多年几乎所有涉及私人非法证据的案件都会毫无例外地提到这一判例。② 除此以外,一些判例还显示,自 20 世纪 70 年代起,美国法院开始尝试采用价值权衡的分析方法,试图从一种全新的视角去处理民事诉讼中非法证据的可采性问题。

如在 1976 年的 United States v. Janis 案中,联邦最高法院就运用了价值权衡的方法。该案是一宗关于税金返还的民事案件,联邦政府提供证据证明 Janis 拖欠的税额,但由于该证据是警方根据一张有瑕疵的搜查令查获的,因此涉及证据的可采性问题。对此,联邦法院认为该证据可以适用,原因在于"将一个州的刑事执法人员非法获得的证据从联邦的民事诉讼中排除出去,并不表明该排除具有制止警察的这种行为的可能,从而超过了排除所引起的社会成本"③。8 年后,这个分析方法在 I. N. S v. Lopez-Mendoza 案中又再次被提及。该案涉及联邦移民事务官员违反宪法第四修正案获得的证据在联邦民事诉讼中是否具有可采性的问题。对此,联邦最高法院指出,对该问题的思考必须将排除证据

---

① See Margus Poola, *Evidence in Civil Law-Estonia*, Institute for Local Self-Government and Public Procurement, Maribor, 2015, p. 61.

② See Hans W. Baade, *Illegally Obtained Evidence in Criminal and Civil Cases: A Comparative Study of a Classic Mismatch II*, Texas Law Review, Vol. 52:4, p. 621–702(1974).

③ [美]约翰·W. 斯特龙主编,[美]肯尼斯·S. 布荣等编著:《麦考密克论证据》,汤维建等译,中国政法大学出版社 2004 年版,第 333 页。

可能产生的社会收益与其他可能产生的成本进行权衡。[①] United States v. Janis 案与 N. S v. Lopez-Mendoza 案表明，在面对宪法性排除规则是否可以在民事诉讼中适用问题时，联邦最高法院的解决思路已经转变为“通过对争议的这类民事案件适用排除规则而产生的对不合宪行为的预防作用的增加，与这样扩张这些规则引起的成本相较是否值得”[②]。

至于制定法方面，20 世纪 70 年代，科学技术的发展导致了电子监视技术的广泛使用，为了强化电子时代对隐私权的保护，美国联邦和不少州[③]都陆续制定了旨在保护隐私权的反窃听法。考虑到现有刑事制裁和民事补救措施不足以达到对隐私权额外的保护，以及受到任何人不应当从自己的不法行为中获益思想的影响，[④]这些制定法中除了规定违法窃听的刑罚措施和民事救济措施，还特别规定违法窃听获得的信息以及由该信息获得的证据均不得在刑事诉讼以及民事诉讼中作为证据使用。最为典型的例子是，美国国会 1968 年通过的《综合犯罪控制和街道安全法案》中（第 802 节[⑤]）对非法截取私人通信专门作出规定，禁止国家机关或第三方窃听、非法截取任何有线或口头通信。根据该法第 2515 条之规定，国家机关抑或个人未经许可使用电子和其他设备截取无线电报或口头通信而获得的信息及证据，在联邦及州包括民事诉讼在内的所有诉讼程序中均不得作为证据使用。

（九）日本

日本实在法中没有关于非法证据在民事诉讼中是否具有可采性的规定，但是根据一些日本学者的研究与主张，日本民事诉讼中对证据的证据能力也是有

---

① 参见[美]约翰·W.斯特龙主编，[美]肯尼斯·S.布荣等编著：《麦考密克论证据》，汤维建等译，中国政法大学出版社 2004 年版，第 334 页。

② [美]约翰·W.斯特龙主编，[美]肯尼斯·S.布荣等编著：《麦考密克论证据》，汤维建等译，中国政法大学出版社 2004 年版，第 334 页。

③ 如内布拉斯加州和佛罗里达州分别于 1971 年和 1973 年制定了反窃听法。

④ See Hans W. Baade, *Illegally Obtained Evidence in Criminal and Civil Cases: A Comparative Study of a Classic Mismatch II*, Texas Law Review, Vol. 52:4, p. 621 – 702 (1974).

⑤ 该部分内容规定在《美国法典》第 18 编第 1 部分中（第 2510 ~ 2520 条）。

所限制的，具体体现在两方面：

第一，因证据内容而产生的限制。譬如，通过侵犯他人隐私获得的日记、书信等文书，如果未征得本人的同意就不能作为证据使用。具体法律依据在于日本《民事诉讼法》第220条关于书面证据提出义务之规定中，特别将专供文件持有人个人使用的文书排除在外（iv款d项）。对于录音能否作为证据使用的问题，日本法院曾在司法判例中指出，“应该在综合考量对话内容本身是否值得作为个人秘密予以保护，特别是其内容所涉事实是否与公共利益相关以及该证据在诉讼中的重要性等各种因素之后，再决定该证据是否具有证据能力”①。

第二，因证据收集过程而导致的限制。这个主要涉及违法收集证据的问题，譬如，未经当事人同意私自录制的录音带、通过偷盗获得的文书等。对于该问题，日本法院曾在司法判例中指出，如果证据的收集是通过严重的反社会手段，或者存在诸如限制人的精神自由或肉体自由等侵害人格权的情形进行的，则该证据收集行为本身违法，因此其证据能力应予以否定。②

从上述立法及司法实践，可窥见日本当下对民事诉讼中非法证据的可采性问题的态度与做法：取证行为合法与否一定程度上会影响到证据在民事诉讼中的可采性。至于到何种程度时会产生影响，这个问题似乎也是由法官根据个案进行裁量，即“综合考量该证据在诉讼中的重要性和必要性、待证事实的性质、证据收集行为的形态以及被侵害的利益等诸多因素后再作决定”③。从日本法院的判例来看，实践中，日本法院通常将通过重大违法、严重违反社会行为获取的证据予以排除，而对于一般违法行为获得的证据不适用排除规则。如日本法院曾在一些案例中认可通过盗窃获得的日记、文书④以及私自录音都具有证据

---

① 参见日本盛冈地判1984·8·10判タ532号。转引自［日］高桥宏志：《重点讲义民事诉讼法》，张卫平、许可译，法律出版社2007年版，第42页。

② 参见日本东京高判1977·7·5判时867号。转引自［日］高桥宏志：《重点讲义民事诉讼法》，张卫平、许可译，法律出版社2007年版，第41页。

③ ［日］高桥宏志：《重点讲义民事诉讼法》，张卫平、许可译，法律出版社2007年版，第43页。

④ 参见日本名古屋地判1991·8·9判时1408号。转引自［日］高桥宏志：《重点讲义民事诉讼法》，张卫平、许可译，法律出版社2007年版，第41～42页。

能力①，但是认为私自录音的证明力较弱，不足以证明待证事实②。

第三节　本章小结

从前述的分析可以看出，绝对赞成或绝对反对在民事诉讼中使用非法证据的立场由于过于极端，在关于非法证据在民事诉讼中是否具有可采性论题的讨论中已经逐渐被抛弃，并转而由一种既不绝对支持也不绝对反对的折中立场所取代。虽然在折中立场的讨论中，也仍然存在各种不同的声音与主张，但无论是以权利位阶为基础的区分理论，抑或将证据取得和证据使用进行区分的证据禁止理论，又或者是以比例原则为判断标准的利益权衡分析理论，这些立场都有一个共同的特点——有条件的否定，即主张在民事诉讼中对非法证据进行有条件的排除与禁止。这一立场对非法证据排除规则在民事诉讼中的适用始终秉持了一种克制及谨慎的态度，在维护民事诉讼查明真相目的的同时，亦不否认非法证据排除规则对预防、阻止民事诉讼中违法取证行为以及保障公民基本权利方面的作用。在民事诉讼非法证据的可采性问题上，折中主义似乎是一个可以避免陷入绝对赞成或绝对反对两难境地的较好选择，但问题是，如前所述，即使是折中立场的理论也依然存在一些难以克服的缺陷与问题，其中最具代表性的一个挑战来自宪法基本权利对第三者无效力理论。

在实证法方面，通过对东、西方若干国家和地区实在法的考察可以看出，无论是大陆法系抑或普通法系，当今大多数国家、地区或多或少都限制在民事诉讼中使用非法证据。即使是传统上一直奉行不干预主义的英国，自 20 世纪末期开始也在一定程度上对非法证据的使用进行限制。只不过从立法、司法实践来看，不同法系的不同国家和地区在对非法证据进行限制的操作上还是存在较

① 参见日本东京高判 1977・7・5 判时 867 号。转引自［日］高桥宏志：《重点讲义民事诉讼法》，张卫平、许可译，法律出版社 2007 年版，第 41～42 页。

② 参见日本东京高判 1977・7・5 判时 867 号。转引自［日］高桥宏志：《重点讲义民事诉讼法》，张卫平、许可译，法律出版社 2007 年版，第 41～42 页。

大的差别,但总体来看,除了俄罗斯、克罗地亚等少数国家和地区,极少国家和地区在这个问题上采取绝对禁止(或绝对排除)的立场。在普通法系传统证据法理论以及追求客观真实理念的影响下,有些国家和地区(如英国、加拿大)采取了不排除为原则、排除为例外的做法;有些国家和地区(如澳大利亚、斯洛伐克、拉脱维亚等)则恰好相反,坚持排除为主,不排除为例外。除此以外,绝大多数国家和地区还是选择了一种折中的解决方案,既不绝对排除,亦不毫无条件的允许,而是有条件的排除,并赋予法官自由裁量权,将这个问题交由法官根据个案情况进行裁量。法官在民事诉讼中对非法证据行使自由裁量权,通常是结合权利位阶区分理论、比例原则以及利益平衡的分析方法对证据进行评估的一个过程。在这种价值评估体系中,非法证据能否使用很大程度上取决于立法所保护和追求的法律价值。

20 世纪 70 年代之后,科学技术的迅猛发展促使各种电子监视设备广泛使用,从而导致个人的隐私面临前所未有的挑战与威胁。在这一背景下,各国和地区日渐重视并不断强化对隐私权的保护。虽然表现形式有所不同(有些国家如美国、加拿大专门立法,有些国家则是在司法判例中强化这种理念),但这些立法、司法实践都反映了一个趋势:除了刑事制裁和民事救济措施,非法证据排除也被逐渐引入民事诉讼,成为一些国家用以保护隐私权的又一措施与手段。

非法证据能否在民事诉讼中使用的问题,归根结底,是如何解决不同利益、价值之间冲突与矛盾的问题。除了俄罗斯、克罗地亚等少数国家和地区采取绝对禁止的极端解决方法外,大部分国家、地区都力图在实现公共利益(查明真相,公正裁判)和保护私人利益之间寻找合适的平衡点。最为显著的例子就是曾经将客观真实奉为民事诉讼法最重要原则的东欧社会主义国家,在苏联解体后,越来越多的东欧国家基于国家财政等因素的考虑开始对该原则进行反思,结果是很多国家虽然在民事诉讼法中仍然保留法官查明事实及调查取证的权利,但与此同时也引入了不少证据禁止的规定,客观真实已经不再是民事诉讼最重要、唯一的目标与价值,而这也恰好解释了为何当今不少东欧国家的理论研究乃至立法、司法实践中都开始不同程度地关注非法证据在民事诉讼中的使用问题。

在民事非法证据排除成为世界主流的背景下,亦可以看到,除了俄罗斯、克罗地亚,大多数国家和地区在适用这一规则时,都将非法证据的范围进行了限制,如将其限定在侵犯宪法权利的范围之内等。非法证据在民事案件中的可采性主要受到宪法基本权利的影响。侵犯基本权利可能会导致此类证据不具可采性,但是这种不具可采性很少是自动适用的,更多的是一种在比例原则基础上进行利益权衡的结果,但是诚如日本学者高桥宏志所说,综合性比较考量的方法为肯定或否定证据能力指明了思考方向,但是这种考量方法较为抽象,难以作为解释论的基础。①

因此,民事诉讼中对非法证据的取舍最终还是一个价值的选择与判断的问题。正如美国学者所言,是否应在民事案件中使用排除规则,使与查明真相无关的价值在法律诉讼中产生附加效力。归根结底,这个问题可能也是个信仰的问题。② 因不同法律文化的影响,不同国家和地区的选择自然有所不同;不仅如此,即便是同一个国家和地区,在不同时期也可能因为时代与社会发展而有不同的选择。

---

①　参见[日]高桥宏志:《重点讲义民事诉讼法》,张卫平、许可译,法律出版社 2007 年版,第 41 ~ 44 页。

②　See Hans W. Baade, *Illegally Obtained Evidence in Criminal and Civil Cases: A Comparative Study of a Classic Mismatch II*, Texas Law Review, Vol. 52:4, p. 621 - 702(1974).

结 论

证据是任何事实的通称,也是个关系词。[①] 在自然哲学视角中,证据是帮助人类活动达至某种目标的一种手段与媒介,其作用旨在证明,帮助人们认知、获悉其他相关事实。在法律语境中,证据旨在为当事人的主张提供证明,帮助裁判者查明争议事实真相,从而准确适用法律作出公正裁判。法律上的证据具有哲学语境或一般日常生活语境中证据的属性,同时基于一些特定因素的考量,法律上的证据与日常生活中所说的证据又有所不同。因此,法律上的证据可以是一般意义上的证据,但是并非所有一般意义上的证据都能成为法律上的证据。基于此,理论上一些观点认为,合法性是法律证据的一个必要条件,不合法的证据不是法律意义上的证据。

证据可采性关乎一个事实能否成为法律上的证据,也涉及一般意义上的证据能否在诉讼中作为证据使用的问题。本书的论述围绕狭义上的非法证据在民事诉讼中是否具有可采性一问题展开的,旨在探讨非法取得的证据是否具有法律上的证据资格,能否成为司法裁判的依据,并以此对证据的合法性理论和命题进行检视。通过相关理论的分析以及有关法律制度的考察,

① See Jeremy Bentham, *The Works of Jeremy Bentham*, *vol.* 6, William Tait, 1843, p. 210.

得出以下结论：

第一，在20世纪以前的证据法学理论及法律制度中，证据的可采性与关联性（或相关性）密切相关，关联性是证据具有可采性的先决条件、必要条件。无论是普通法系抑或大陆法系，早期的证据法学理论以及法律制度都强调发现事实真相，证据的价值在于帮助法官查明事实，从而准确地适用法律。在这一理念之下，取证方式合法与否，基本不影响证据在诉讼中的可采性。换言之，只要证据具有相关性，且不属于法律禁止或排除的证据范围，即使该证据是非法取得的，在诉讼中依然具有可采性。

第二，20世纪上半叶，证据可采性理论与标准在刑事诉讼领域出现了一个重大的发展与突破——非法证据排除成为刑事诉讼领域的一个重要证据规则。受这一规则影响，20世纪下半叶开始，民事诉讼领域亦开始重新反思非法证据的可采性问题，理论上的讨论立场也历经了从绝对化到相对化（从绝对排除或绝对不排除到有条件排除）的过程。20世纪后期开始，为兼顾查明真相与保障人权，非法证据部分排除、部分可采的折中立场逐渐成为理论上的主流观点。现代国家和地区的立法、司法实践亦表明，非法证据排除至今尚未在世界各国、各地区的民事诉讼中成为一个普遍的证据规则。在民事非法证据的可采性这一个论题上，折中观点是为当今大多数国家、地区认可与接受的一种立场与解决方案。

第三，从证据可采性理论及相关制度的发展、演变过程来看，总体上，非法证据在民事诉讼中历经了绝对具有可采性到部分可采、部分排除的过程。无论是在刑事诉讼中抑或在民事诉讼中，非法证据排除的出现与适用很大程度上是为了实现公平、准确裁判目的之外的某些政策，而非法律论证的自然结果。是否应当通过证据法规则来实施一些与发现真相没有直接关系的政策，这是一个目的论问题，甚至是个关乎信仰的神学问题。①当查明事实真相不再是民事诉讼的唯一目的时，对于非法证据在民事诉讼中是否仍具有可采性或者说是否应当

① See Hans W. Baade, *Illegally Obtained Evidence in Criminal and Civil Cases: A Comparative Study of a Classic Mismatch II*, Texas Law Review, Vol. 52:4, p. 621 – 702(1974).

排除一问题,就很难再有一个放之四海而皆准的答案。尽管如此,考虑到民事诉讼与刑事诉讼在诉讼主体、诉讼目的方面存在诸多差别,以及基于实体法与程序法两分理论、证明权的保护理论以及正当程序理论,笔者始终认为难以在民事诉讼中找到可以适用非法证据排除的空间。退一步讲,即使出于实现某些特定政策的考虑,在没有足够充分且正当理由的情况下,亦不得轻易通过排除规则限制非法证据在民事诉讼中的使用;与此同时,即使确立了民事诉讼非法证据排除,在适用这一规则时,也应当严格限定非法证据排除的适用范围。

第四,文中的理论分析以及对非法证据可采性在两大法系法律制度中演变历程的宏观考察,都表明了无论是在实然层面,还是在应然层面,非法取得的证据在民事诉讼中并非不具有可采性。即使在基于政策目的而实行民事非法证据排除的现代法律制度中,也并非所有非法获得的证据都不具有可采性。换言之,在当今包括我国在内的许多国家和地区,并非所有的非法证据在民事诉讼中都会被排除。在某些情况下,证据的合法性并非证据在民事诉讼中具有适格性的必要条件,①而这恰好也印证了文中一开始对“合法性是法律证据的一个必要属性,不合法的证据不是证据”论题提出的质疑。很显然,在民事诉讼中,从取证手段的合法性角度来看,“非法证据非证据”这一理论主张并不是绝对成立的。

---

① 参见毕玉谦:《从解读证据合法性的角度来认识证据在法律上的适格性》,载常林、张中主编:《证据理论与科学——第三届国际研讨会论文集》,中国政法大学出版社2012年版,第57页。

参考文献

一、中文

(一)专著

1. 王晓:《民事诉权的保护与滥用规制研究——兼以社会控制论为基础展开分析》,中国政法大学出版社 2015 年版。

2. 熊志海:《信息视野下的证据法学》,法律出版社 2014 年版。

3. 肖晗:《民事诉讼证明权研究》,知识产权出版社 2013 年版。

4. [俄]M. H. 马尔琴科:《国家与法的理论》,徐晓晴译,中国政法大学出版社 2010 年版。

5. 邵明:《正当程序中的实现真实——民事诉讼证明法理之现代阐释》,法律出版社 2009 年版。

6. 常鹏翱:《事实行为的基础理论研究》,北京大学出版社 2016 年版。

7. [英]威廉·特文宁:《证据理论:边沁与威格摩尔》,吴洪淇、杜国栋译,中国人民大学出版社 2015 年版。

8. 王蕴:《证据排除规则研究——以民事诉讼为中心》,法律出版社 2014 年版。

9. 张建伟:《证据法要义》(第 2 版),北京大学出版社 2014 年版。

10. 纪格非:《民事诉讼中的真实——路径与限度》,中国政法大学出版社 2013 年版。

11. 陈新民:《德国公法学基础理论(增订新版上卷)》,法律出版社 2010 年版。

12. [德]Peter Badura & Horst Dreier 主编:《德国联邦宪法法院五十周年纪念论文集(下册)》,苏永钦等译,台北,联经出版事业股份有限公司 2010 年版。

13. 郑旭:《非法证据排除规则》,中国法制出版社 2009 年版。

14. 邵明:《正当程序中的实现真实——民事诉讼证明法理之现代阐释》,法律出版社 2009 年版。

15. [英]梅特兰:《普通法的诉讼形式》,王云霞、马海峰、彭蕾译,商务印书馆 2009 年版。

16. 陈波:《逻辑学十五讲》,北京大学出版社 2008 年版。

17. 李浩:《民事证据立法前沿问题研究》,法律出版社 2007 年版。

18. [日]高桥宏志:《重点讲义民事诉讼法》,张卫平、许可译,法律出版社 2007 年版。

19. [古罗马]塞克斯都 · 恩披里克:《反对理论家》,孙仲、曹欢荣等译,中国社会科学出版社 2007 年版。

20. 何勤华、李秀清主编:《意大利法律发达史》,法律出版社 2006 年版。

21.《人民法院案例与评注:知识产权(民事第十一卷)》,中国法制出版社 2006 年版。

22. 傅郁林、[德]米夏埃尔 · 施蒂尔纳主编:《德国民事诉讼法学文萃》,赵秀举译,中国政法大学出版社 2005 年版。

23. [美]约翰 · W. 斯特龙主编,[美]肯尼斯 · S. 布荣等编著:《麦考密克论证据》(第 1 版),汤维建等译,中国政法大学出版社 2004 年版。

24. 何勤华等:《法国法律发达史》,台北,韦伯文化国际出版有限公司 2004 年版。

25. [德]托马斯 · 魏根特:《德国刑事诉讼程序》,岳礼玲、温小洁译,中国政法大学出版社 2004 年版。

26. [英]戴维·M. 沃克:《牛津法律大辞典》,李双元译,法律出版社 2003 年版。

27. 何家弘主编:《外国证据法》,法律出版社 2003 年版。

28. 张卫平主编:《外国民事证据制度研究》,清华大学出版社 2003 年版。

29. [美]米尔建·R. 达马斯卡:《漂移的证据法》,李学军、刘晓丹等译,中国政法大学出版社 2003 年版。

30.《俄罗斯联邦民事诉讼法典》,黄道秀译,中国人民大学出版社 2003 年版。

31. [英]约翰·奥斯丁:《法理学的范围》,刘星译,中国法制出版社 2003 年版。

32. 叶自强:《民事证据研究》,法律出版社 2002 年版。

33. 张卫平、陈刚:《法国民事诉讼法导论》,中国政法大学出版社 1997 年版。

34. [奥]凯尔森:《法与国家的一般理论》,沈宗灵译,中国大百科全书出版社 1996 年版。

35.《德国刑事诉讼法典》,李昌珂译,中国政法大学出版社 1995 年版。

36. [德]康德:《法的形而上学原理》,沈叔平译,商务印书馆 1991 年版。

37. [苏]克列曼:《苏维埃民事诉讼》,法律出版社 1957 年版,西南政法学院诉讼法教研室 1985 年编印。

38. [苏]克列曼:《苏维埃民事诉讼中证据理论的基本问题》,西南政法学院诉讼法教研室 1984 年编印。

39. [英]休谟:《人类理解研究》,关文运译,商务印书馆 1981 年版。

(二)期刊论文与文集

1. 周翠:《民事非法证据排除的规范解释与实务观察》,载《中国法学》2020 年第 3 期。

2. 张志铭、延柄斗:《非法证据排除规则的法理意涵》,载《浙江社会科学》2019 年第 8 期。

3. 王秀哲：《非法证据排除的共通性　宪法权利基础及其启示》，载《河北法学》2018 年第 3 期。

4. 黄宇骁：《论宪法基本权利对第三人无效力》，载《清华法学》2018 年第 3 期。

5. 戴昕、张永健：《比例原则还是成本收益分析法学方法的批判性重构》，载《中外法学》2018 年第 6 期。

6. 许瑞超：《德国基本权利第三人效力的整全性解读》，载《苏州大学学报(法学版)》2017 年第 1 期。

7. [德]迈克・赫格曼斯：《德国刑事诉讼法中的证据使用禁止》，周婧译，载《证据科学》2016 年第 5 期。

8. 陈瑞华：《关于证据法基本概念的一些思考》，载《中国刑事法杂志》2013 年第 3 期。

9. [德]Andreas von Arnauld：《欧洲基本权利保护的理论与方法——以比例原则为例》，刘权译，载《比较法研究》2014 年第 1 期。

10. 李浩：《民事判决中的非法证据排除规则》，载《现代法学》2012 年第 2 期。

11. 毕玉谦：《从解读证据合法性的角度来认识证据在法律上的适格性》，载常林、张中主编：《证据理论与科学——第三届国际研讨会论文集》，中国政法大学出版社 2012 年版。

12. 何家弘：《证据的采纳和采信——从两个"证据规定"的语言问题说起》，载《法学研究》2011 年第 3 期。

13. 陈新民：《宪法基本权利及对第三者效力之理论》，载陈新民：《德国公法学基础理论(上卷)》，法律出版社 2010 年版。

14. [新西兰]托尼・安杰罗：《新西兰法律制度简介》，赵冉初、杨炎辉译，载《朝阳法律评论》2010 年第 1 期。

15. 奚玮、杨锦炎：《民事证明权的多维视角》，载《法律科学》2009 年第 5 期。

16. 张榕：《事实认定中的法官自由裁量权》，载《法律科学》2009 年第 4 期。

17. 姜昕:《比例原则释义学结构构建及反思》,载《法律科学》2008 年第 5 期。

18. 陈征:《基本权利的国家保护义务功能》,载《法学研究》2008 年第 1 期。

19. 李倩:《德国刑事证据禁止理论问题研究》,载《中外法学》2008 年第 1 期。

20. 吴丹红:《证据法学的启蒙——吉尔伯特的证据法思想》,载《证据科学》2007 年第 15 卷。

21. 叶青、韩东成:《民事陷阱取证之再探讨——兼论北大方正诉高术软件侵权案的取证方式》,载《政治与法律》2007 年第 5 期。

22. 王书成:《比例原则之规范难题及其应对》,载《当代法学》2007 年第 6 期。

23. 尹璐、赵宁:《一则案例引发的关于证据合法性的思考》,载《东南大学学报(哲学社会科学版)》2006 年第 8 卷。

24. 李祖军:《论民事诉讼非法证据排除规则》,载《中国法学》2006 年第 3 期。

25. 李浩:《民事诉讼非法证据的排除》,载《法学研究》2006 年第 3 期。

26. 纪格非、田圣斌:《论民事诉讼证据的合法性》,载《中南民族大学学报(人文社会科学版)》2005 年第 2 期。

27. 陈桂明、计格非:《民事诉讼证据合法性的重新解读》,载《国家检察官学院学报》2005 年第 2 期。

28. 宋世杰:《论诉讼证据概念的科学表述及特征》,载《政治与法律》2005 年第 3 期。

29. [德]瓦尔特・哈布沙伊德:《证明权》,载[德]米夏埃尔・施蒂尔纳主编:《德国民事诉讼法学文萃》,赵秀举译,中国政法大学出版社 2005 年版。

30. 李浩:《论法律中的真实——以民事诉讼为例》,载《法制与社会发展》2004 年第 3 期。

31. 秦策、顾君:《德国刑事诉讼中的证据禁止:理论、规则与司法技术》,载《法制现代化研究》2004 年第 00 期。

32. 魏大嘄：《诉讼基本权在民事诉讼法之实现》，载《月旦法学杂志》第2期（2004年）。

33. 莫纪宏、张毓华：《诉权是现代法治社会第一制度性权利》，载《法学杂志》2002年第4期。

34. 熊志海：《论证据的本质》，载《现代法学》2002年第4期。

35. 赵娟：《合理性原则与比例原则的比较研究———一个以判例为基础的思考》，载《南京大学学报（哲学·人文科学·社会科学版）》2002年第1期。

36. 李浩：《民事诉讼非法证据排除规则探析》，载《法学评论》2002年第6期。

37. 齐树洁、黄斌：《英国证据法中的律师特权规则及其借鉴意义》，载《法学论坛》2002年第5期。

38. 莫纪宏、张毓华：《诉权是现代法治社会第一制度性权利》，载《法学杂志》2002年第4期。

39. 汤维建：《关于证据属性的若干思考和讨论——以证据的客观性为中心》，载《政法论坛》2000年第6期。

40. 范剑虹：《欧盟与德国的比例原则——内涵、渊源、适用与在中国的借鉴》，载《浙江大学学报（人文社会科学版）》2000年第5期。

（三）其他

1. 纪格非：《论证据能力——以民事诉讼为视角的研究》，中国政法大学2003年博士学位论文。

2. 安健：《北大方正与高术天力等计算机软件著作权纠纷案》，载《人民法院报》2019年8月17日，第3版。

3. 陈锦川：《2002年北京高级人民法院著作权判例要点及评析》，载CCTV网2023年6月10日，http://www.cctv.com/tvguide/tvcomment/tyzj/zjwz/7770_2.shtml。

4.《中华人民共和国执行〈禁止酷刑和其他残忍、不人道或有辱人格的待遇或处罚公约〉的第六次报告》（CAT/C/CHN/5，2014.04.04）。

(四)裁判文书

1. 最高人民法院民事判决书,(2006)民三提字第1号。

2. 北京市第一中级人民法院民事判决书,(2006)一中民终字第7422号(2017)。

3. 河南省商丘市中级人民法院民事判决书,(2017)豫14民终4354号。

4. 江苏省宿迁市中级人民法院民事判决书,(2017)苏13民终3201号。

5. 四川省德阳市中级人民法院民事判决书,(2017)川06民终1677号。

6. 北京知识产权法院民事判决书,(2016)京73民终474号。

7. 最高人民法院民事判决书,(2015)民提字第212号。

8. 浙江省高级人民法院民事判决书,(2016)浙民终899号。

9. 浙江省高级人民法院民事判决书,(2017)浙民终799号。

二、外文

(一)著作

1. Sofia Ranchordas & Boudewijn De Waard, *The Judge and the Proportionate Use of Discretion: A Comparative Administrative Law Study*, Routledge, 2015.

2. Bettina Nunner-Krautgasser & Philipp Anzenberger, *Evidence in Civil Law-Austria*, Institute for Local Self-Government and Public Procurement, Maribor, 2015.

3. Slađana Aras Kramar, *Evidence in Civil Law-Croatia*, Institute for Local Self-Government and Public Procurement, Maribor, 2015.

4. Margus Poola, *Evidence in Civil Law-Estonia*, Institute for Local Self-Government and Public Procurement, Maribor, 2015.

5. Martin Oudin, *Evidence in Civil Law-France*, Institute for Local Self-Government and Public Procurement, Maribor, 2015.

6. Christian Wolf & Nicola Zeibig, *Evidence in Civil Law-Germany*, Institute for Local Self-Government and Public Procurement, Maribor,2015.

7. Nikolaos M. Katiforis, *Evidence in Civil Law-Greece*, Institute for Local Self-Government and Public Procurement, Maribor,2015.

8. Bríd Moriarty, *Evidence in Civil Law-Ireland*, Institute for Local Self-Government and Public Procurement, Maribor,2015.

9. Maria João Mimoso & Sandra C. Sousa & Vitor Hugo Meireles, *Evidence in Civil Law-Portugal*, Institute for Local Self-Government and Public Procurement, Maribor,2015.

10. Sebastian Spinei, *Evidence in Civil Law-Romania*, Institute for Local Self-Government and Public Procurement, Maribor,2015.

11. Jana Vnukovά, *Evidence in Civil Law-Slovakia*, Institute for Local Self-Government and Public Procurement, Maribor,2015.

12. Tjaša Ivanc, *Evidence in Civil Law-Slovenia*, Institute for Local Self-Government and Public Procurement, Maribor,2015.

13. Núria Mallandrich Miret, *Evidence in Civil Law-Spain*, Institute for Local Self-Government and Public Procurement, Maribor,2015.

14. Eric Bylander, *Evidence in Civil Law-Sweden*, Institute for Local Self-Government and Public Procurement, Maribor,2015.

15. C. H. Van Rhee, *Evidence in Civil Law-The Netherlands*, Institute for Local Self-Government and Public Procurement,Maribor,2015.

16. C. H. Van Rhee & Alan Uzelac (ed), *Evidence in Contemporary Civil Procedure: Fundamental Issues in a Comparative Perspective*, Intersentia Ltd. ,2015.

17. Vesna Rijavec, *Dimensions of Evidence in European Civil Procedure*, Kluwer Law International,2015.

18. H. L. Ho. , *A Philosophy of Evidence Law: Justice in the Search for Truth*, Oxford University Press,2008.

19. William Twining, *Rethinking Evidence*, Cambridge University Press,2006.

20. Peter Mirfield, *Silence, Confessions and Improperly Obtained Evidence*, Clarendon, 2003.

21. Wigmore, John Henry, *Evidence in Trials at Common Law*, Boston, Little, Brown, 1983.

22. William Twining, *Theories of Evidence: Bentham and Wigmore*, Weidenfeld & Nicolson, 1985.

23. Arthur Engelmann, *A History of Continental Civil Procedure*, Little, Brown & Co., 1927.

24. Wigmore, John Henry, *A Treatise on the System of Evidence in Trials at Common Law: Including the Statutes and Judicial Decisions of All Jurisdictions of the United States, England and Canada Vol.* 1, Toronto, Canada Law Book, 1905.

25. Thayer, James Bradley, *Preliminary Treatise on Evidence at the Common Law*, Boston, Little, Brown, and Co., 1898.

26. Jeremy Bentham, *The Works of Jeremy Bentham Vol.* 6, William Tait, 1843.

27. Jeremy Bentham, *The Works of Jeremy Bentham Vol.* 7, William Tait, 1843.

28. Geoffrey Gilbert, *The Law of Evidence*, London, Henry Lintot, 1756.

29. William Shaw, *Evidence in Criminal Case*, Butterworth & Co. Ltd., 1954.

30. Edmund M. Morgan, *Some Problems of Proof under the Anglo—American System of Litigation*, New York, 1956.

31. *Wiretapping, Eavesdropping, and the Bill of Rights: Hearing before the Subcommittee on Constitutional Rights of the Committee on the Judiciary, United Sates Senate, Pursuant to S. Res.* 234, *Eighty-Fifth Congress, Second Session, on Wiretapping, Eavesdropping, and the Bill of Rights, Part* 1, U. S. Government Print, Office, 1958.

32. Luca Passanante, *La Prova Illecita nel Processo Civile*, Torino, Giappichelli Editori, 2017.

33. Giacomo Gavazzi, *Studi di teoria del diritto*, Giappichelli, Torino, 1993.

34. Mauro Cappelletti, Denis Tallon, Fundamental guarantees of the parties in civil litigation, Milano, Guiffre, 1973.

35. Nicolò Trocker, *Processo Civile e Constituzione: problemi di diritto tedesco e italiano*, A. Giuffrè, 1974.

36. Franco Cordero, Tre studi sulle prove penali, Milano, Giuffrè, 1963.

37. James Goldschmidt, Der Prozess als Rechtslage: Eine Kritik des Prozessualen Denkens, Springer-Verlag, 2013.

38. Georg E. Kodek, Rechtswidrig erlangte Beweismittel im Zivilprozess: Eine Untersuchung der österreichischen, deutschen und amerikanischen Rechtslage, Manzsche Wien, 1987.

39. Ellen Schlüchter, Das Strafverfahren, Heymanns, Carl, 1983.

40. Athanassios Kaissis, Die Verwertbarkeit materiell-rechtswidrig erlangter Beweismittel im Zivilprozess, Peter Lang, Frankfurt am Main, 1978.

41. F. Dencker, Verwertungsverbote im Strafprozess: Ein beitrag zur lehre von den Beweisberboten, Carl Heymanns, 1977.

42. Hans W. Fasching, Kommentar zu Zivilprozeßgesetzen, IV Bände + Ergänzungsband, Wien, 1959 bis 1974.

43. Walter Zeiss, Die arglistige Prozeßpartei: Beitrag zur rechtstheoretischen Präzisierung eines Verbotes arglistigen Verhaltens im Erkenntnisverfahren des Zivilprozess, Berlin, 1967.

44. Hubmann Heinrich, Das Persönlichkeitsrecht, 2. Auflage, Koln-Graz, 1967.

45. Wilhelm Sauer, Allgemeine Prozessrechtslehre, Heymann, 1951.

(二)期刊论文及文集

1. Tony Ward, *Book Review: Improperly Obtained Evidence in Anglo—American and Continental Law*, The International Journal of Evidence & Proof, Vol. 24:1, p. 95 – 96 (2020).

2. Jenia Iontcheva Turner & Thomas Weigend, *The Purposes and Functions of Exclusionary Rules: A Comparative Overview*, in Sabine Gless and Thomas Richter eds., Do Exclusionary Rules Ensure a Fair Trial? A Comparative Perspective on Evidentiary Rules, Springer, 2019, p. 258 – 259.

3. Svetlana Ficovά, *Civil Litigation Procedure-a New Code of Procedure of the Slovak Republic*, International and Comparative Law Review, Vol. 16:1, p. 23 – 37 (2016).

4. Bettina Nunner-Krautgasser & Philipp Anzenberger, *Inadmissible Evidence: Illegally Obtained Evidence and the Limits of the Judicial Establishment of the Truth*, in Vesna Rijavec, Tomaž Keresteš, and Tjaša Ivanc eds., Dimensions of Evidence in European Civil Procedure, Wolters Kluwer, 2015, p. 197.

5. Rijavec, V., and T. Keresteš, *Restrictions on the Admissibility of Evidence*, Evidence in Contemporary Civil Procedure: Fundamental Issues in a Comparative Perspective, C. H. Van Rhee and Alan Uzelac eds., Intersentia, 2015.

6. Mike Madden, *A Model Rule for Excluding Improperly or Unconstitutionally Obtained Evidence*, Berkeley J. Int'l Law, Vol. 33:2, p. 442 – 488 (2015).

7. Vito Breda & Mateo Vricella, *English Pragmatism and Italian Virtue: A Comparative Analysis of the Regime of Illegally Obtained Evidence in Civil Law Proceedings between Italy and England*, Maastricht journal of European and comparative law, Vol. 21:3, p. 428 – 443 (2014).

8. Andrea Graziosi, Usi E Abusi Di Prove Illecite E Prove Atipiche Nel Processo Civile, Rivista Trimestrale Di Diritto E Procedura Civile 9 (2011), S. 704.

9. Eleanor Swift, *One Hundred Years of Evidence Law Reform: Thayer's Triumph*, California Law Review, Vol. 88:6, p. 2437 – 2476 (2000).

10. Rosemary Pattenden, *The Discretionary Exclusion of Relevant Evidence in English Civil Proceedings*, Int'l J. Evidence & Proof, Vol. 1:5, p. 361 – 385 (1997).

11. Langbein, John H., *Historical Foundations of the Law of Evidence: A*

View from the Ryder Sources, Columbia Law Review, Vol. 96:5, p. 1168 - 1202 (1996).

12. Burkhard Bastuck & Burkard Gopfert, *Admission and Presentation of Evidence in Germany*, Loy. L. A. Int'l & Comp. L. Rev., Vol. 16:3, p. 609 - 627(1994).

13. I. H. Dennis, *Reconstructing the Law of Criminal Evidence*, Current Legal Problems, Vol. 42:1, p. 21 - 48(1989).

14. Olaf Werner, Verwertung rechtswidrig erlangter Beweismittel, NJW 1988, S. 998.

15. G. F. Ricci, *Le prove illecite nel processo civile*, Riv. trim. dir. proc. civ., 1987, p. 74.

16. Adrian A. S. Zuckerman, *Illegally-Obtained Evidence—Discretion as a Guardian of Legitimacy*, Current Legal Problems, Vol. 40:1, p. 55 - 70(1987).

17. Walter Pakter, *Exclusionary Rules in France, Germany, and Italy*, Hastings Int'l & Comp. L. Rev., Vol. 9:1, p. 1 - 57(1985).

18. Potter Stewart, *The Road to Mapp v. Ohio and beyond: The Origins, Development and Future of the Exclusionary Rule in Search-and-Seizure Cases*, Columbia Law Review, Vol. 83:6, p. 1365 - 1404(1983).

19. Craig M. Bradley, *The Exclusionary Rule in Germany*, Harvard Law Review, Vol. 96:5, p. 1032 - 1066(1983).

20. Terri M. Couleur, *The Use of Illegally Obtained Evidence to Rebut the Insanity Defense: A New Exception to the Exclusionary Rule?*, The Journal of Criminal Law and Criminology, Vol. 74:2, p. 391 - 427(1983).

21. José Almagro Nosete, *Garantías constitucionales del proceso civil*, Justicia: revista de derecho procesal, N° 1(1981), p. 11 - 42.

22. Jerry D. Mackey, *The California Constitutional Right of Privacy and Exclusion of Evidence in Civil Proceedings*, Pepperdine Law Review, Vol. 6:1, p. 231 - 252(1979).

23. Bradley Canon, *The Exclusionary Rule: Have Critics Proven That It Doesn't Deter Police*, Judicature, Vol. 62:8, p. 398 - 403(1979).

24. Peter Burns, *The Law and Privacy: The Canadian Experience*, Canadian Bar Review, Vol. 54:1, p. 1 - 64(1976).

25. Walter Zeiss, Die Verwertung rechtswidrig erlangter Beweismittel, ZZP 1976, S. 382.

26. J. Alex Morton, *Civil Procedure in the U. S. S. R.*, Case W. Res. J. Int'l L., Vol. 7:2, p. 211 - 228(1975).

27. Hans W. Baade, *Illegally Obtained Evidence in Criminal and Civil Cases: A Comparative Study of a Classic Mismatch II*, Texas Law Review, Vol. 52:4, p. 621 - 702(1974).

28. Zhivko Stalev, *Fundamental guarantees of litgants in civil proceedings: a survey of the laws of the European people's democracies*, in Mauro Cappelletti, Denis Tallon. Fundamental guarantees of the parties in civil litigation. Milano, Guiffre, 1973, p. 414.

29. Alberto Montón Redondo, *El valor probatorio de las grabaciones magnetofónicas*, Revista de derecho privado, Vol. 57:11, p. 1001 - 1017(1973).

30. Dallin H. Oaks, *Studying the Exclusionary Rule in Search and Seizure*, University of Chicago Law Review, Vol. 37:4, p. 665 - 757(1970).

31. Stephen A. Scott, *Admissibility of Illegally Obtained Evidence in Noncriminal Proceedings*, Fla. L. Rev., Vol. 22:1, p. 38 - 58(1969).

32. Grünwald, Beweisverbote und Verwertungsverbote im Strafverfahren, JZ 1966, S. 491.

33. Theodor Lenckner, Aussagepflicht, Schweigepflicht und Zeugnisverweigerungsrecht, NJW 8(1965), S. 323.

34. Charles B. Robson Jr., *Evidence—Admissibility in Civil Actions of Evidence Illegally Obtained by Private Persons*, N. C. L. Rev., Vol. 43:3, p. 608 - 616 (1965).

35. Thomas M. Ward, *Evidence—Evidence Illegally Obtained by Private Parties Admissible in Civil Action*, 14 Buff. L. Rev. 550 (1965).

36. Wayne O. Soldberg, *Evidence-Searches and Seizures—Admissability in Civil Case When Illegally Obtained by Private Persons*, North Dakota Law Review, Vol. 41:4, p. 559 - 561(1964).

37. V. Silva Melero, *La prueba procesal Tomo I.*, Revista de derecho privado, 1963, p. 68 - 69.

38. Egbert Peters, Die Verwertbarkeit Rechtswidrig Erlangter Beweise Und Beweismittel Im Zivilprozess, Zeitschrift fur Zivilprozess 3(1963), S. 152 ff.

39. *Mapp v. Ohio and Exclusion of Evidence Illegally Obtained by Private*, The Yale Law Journal, Vol. 72:5, p. 1062 - 1075(1963).

40. James H. Chadbourn, *Bentham and the Hearsay Rule—A Benthamic View of Rule* 63 (4) (*c*) *of the Uniform Rules of Evidence*, Harvard Law Review, Vol. 75:5, p. 932 - 951(1962).

41. Giuliano Vassalli, La protezione della sfera della personalitȧ nell'era della técnica, Studi in onore di Emilio Betti, Milano, 1962, p. 683.

42. George Ginsburgs, *Objective Truth and the Judicial Process in Post-Stalinist Soviet Jurisprudence*, The American Journal of Comparative Law, Vol. 10: 1/2, p. 53 - 75(1961).

43. Enrico Allorio, Efficacia giuridica di prove ammesse ed esperite in contrasto con un divieto di legge?, in Giur. it., 1960, p. 868 ss.

44. Robert E. Shepherd, JR., *Admissibility of Illegally Obtained Evidence in a Civil Case*, Wash. & Lee L. Rev., Vol. 17:1, p. 155 - 160(1960).

45. Nicholas Rescher & Carey B. Joynt, *Evidence in History and in the Law*, The Journal of Philosophy, Vol. 56:13, p. 561 - 578(1959).

46. Dilcher, Hermann, Die Prozessuale Verwendungsbefugnis, Ein Beitrag Zur Lehre Vom „Rechtswidrigen“ Beweismittel, Archiv Für Die Civilistische Praxis, Vol. 158:5/6(1959), S. 470ff.

47. Karl Siegert, Die außergerichtlichen Tonbandaufnahmen und ihre Verwertung im Zivilprozeß, NJW 19(1957), S. 689 ff.

48. Gottfried Baumgärtel, Treu und Glauben, gute Sitten und Schikaneverbot im Erkenntnisverfahren, ZZP 69(1956), S. 103ff.

49. Klemens Pleyer, Schallaufnahmen als Beweismittel im Zivilprozeß, ZZP, 1956, S. 321ff.

50. Adolf Schönke, Límites de la prueba en el Derecho Procesal, Revista de Derecho Procesal 3 (1955), S. 374 ff.

51. Herman L. Trautman, *Logical or Legal Relevancy—A Conflict in Theory*, Vanderbilt Law Review, Vol. 5:3, p. 385 - 413(1952).

52. Roth Alfons, Die prozessuale Verwertbarkeit rechtswidrig erlangter Beweisur-kunden. Eine Entgegnung, JR 1950, S. 715.

53. Hans Kellner, Verwendung rechtswidrig erlangter Briefe als Beweisurkunde in Ehesachen, JR (1950), S. 270.

54. Morgan, Edmund M., *A Treatise on the Anglo—American System of Evidence in Trials at Common Law, including the Statutes and Judicial Decisions of All Jurisdictions of the United States and Canada*, Boston University Law Review, Vol. 20:4, p. 776 - 793(1940).

55. George F. James, *Role of Hearsay in a Rational Scheme of Evidence*, Illinois Law Review, Vol. 34, p. 788 - 801(1940).

56. Edmunde M. Morgan, *The Jury and the Exclusionary Rules of Evidence*, Chicago Law Review, Vol. 4:2, p. 247 - 258(1937).

57. F. Carnelutti, *Illecita produzione di documenti*, in Riv. dir. proc. civ., 1935, p. 63ss.

58. James B. Thayer, *Presumptions and the Law of Evidence*, Harvard Law Review, Vol. 3:4, p. 141 - 166(1889).

(三)其他

1. Ho,Hock Lai,*The Legal Concept of Evidence*,The Stanford Encyclopedia of Philosophy (Winter 2021 Edition)(Nov. 13,2015),https://plato. stanford. edu/archives/win2015/entries/evidence-legal/.

2. Elianna Spitzer, *Weeks v. United States: The Origin of the Federal Exclusionary Rule*, ThoughtCo. (May 03,2019),https://www. thoughtco. com/weeks-vs-u-s – 4173895.

3. Shane Campbell, *Exclusion of improperly obtained evidence in civil proceedings*,WynnWilliams(June. 12,2023),https://www. wynnwilliams. co. nz/insights/regulatory-prosecutions/exclusion-of-improperly-obtained-evidence-in-civil-proceedings-a-review-of-the-customs-and-excise-act – 2018/.

4. The Law Commission,*The Second Review of the Evidence Act* 2006(June 12, 2023),https://www. lawcom. govt. nz/sites/default/files/projectAvailableFormats/EA2%20 – %20FINAL%20REPORT%20R142%20 – %20Web%20Publishing. pdf.

5. Lothar Gamp,Die Ablehnung von Beweisanträgen im Zivilprozeß: zugleich ein Beitrag zur Lehre von der Anwendbarkeit des § 244 StPO,Bochum,Diss., 1980.

6. Edgar Wais,Die Verwertbarkeit fehlerhaft erzielter Beweisergebnisse und rechtswidrig erlangter Beweismittel im Zivilprozeß,Diss.,Tübingen,1966.

7. Dzenefa Celikovic, Beweisverwertungsverbote im digitalen Zeitalter, Masterarbeit der FernUniversität in Hagen,2019.

(四)外国判例

1. Bishop Atterbury's Trial,16 How. St. Tr. 323,495 (1723).

2. 14 East 306,104 Eng. Rep. 618 n. (1740).

3. Stockfleth v. De Tastet (1814).

4. Commonwealth v. Dana,Mass. (2 Met.) 329,337 (1841).

5. Lloyd v. Mostyn (1842) 3.

6. Regina v. Leatham, (1861) 8 Cox Cc 498.

7. Calcraft v. Guest (1898).

8. Boyd v. United States, 116 U. S. 616 (1886).

9. Cluett v. Rosenthal, 100 Mich. 193, 198, 58 N. W. 1009, 1010 (1894).

10. Adams v. New York, 192 U. S. 585 (1904).

11. Weeks v. United States, 232 U. S. 383 (1914).

12. Burdeau v. McDowell, 256, U. S. 456 (1921).

13. People v. Defore, 242 N. Y. 13, 23 (1926).

14. Olmstead v. United States, 277 U. S. 438 (1928).

15. Creasey v. Creasey, [1931] Sess. Cas. 9 (Scot. 1st Div.).

16. McColl v. Hardin, 70S. W. 2d 327, 329 (1934).

17. State v. McGee, 214 N. C. 184, 185, 198 S. E. 616, 617 (1938).

18. McNabb v. United States, 318 U. S. 332 (1943).

19. People v. Richter's Jewelers (1943).

20. 116 P 2d 268 (California 1946).

21. MacColl v. MacColl, [1946] Scots L. T. 312.

22. Wolf v. Colorado, 338 U. S. 25 (1949).

23. People v. Appelbaum, 01 N. Y. 738, 95 N. E. 2d 410 (1950).

24. 227 P 2d 310 (Oregon 1951).

25. People v. Cahan, 252 P. 2d. 905 (1955).

26. Rea v. United States, 350 U. S. 214 (1956).

27. Little and McDonald v. Little, 1958 CanLII 27 (SCC), [1958] SCR 566.

28. 18 D. L. R. 2d 742 (Sask. C. A. 1959).

29. Martin v. United States, 227 F. 2d 785, 786 (1960).

30. Elkins v. United States, 364 U. S. 206 (1960).

31. Mapp v. Ohio, 367 U. S. 643 (1961).

32. Sackler v. Sackler, 33 Misc. 2d 600 (1962).

33. Lassoff v. Gray,207 F. supp. 843,846 ff. (1962).

34. Wong Sun v. United States,371 U. S. 471 (1963).

35. Carlisle v. State,276 Ala 436 (1964).

36. U. S. v. Blank,261 F. Supp. 180,182 f. (1966).

37. Miranda v. Arizona,384 US 436(1966).

38. Williams v. Williams,8 Ohio Misc. 156 (1966).

39. Del Presto v. Del Presto,97 N. J. Super. 446 (1967).

40. Saylor v. U. S. ,374 F. 2a 894,900 f. (1967).

41. Dixson v. New York,54 Misc. 2d 100,281 N. Y. S. 2d 912 (Ct. Cl. 1967).

42. Stapleton v. Superior Court (1968).

43. Harris v. New York,401 U. S. 222 (1971).

44. Nix v. Williams,467 U. S. 431 (1984).

45. N. J. W. 26 (W. Berlin C. A. 1955).

46. 19 BGHSt 325(1964).

47. N. J. W. 1848 (W. Ger. Fed. (Sup.) Ct. 1970).

48. BVerfG,NJW 1973.

49. BGH,NJW 1988.

50. 1 BvR 1611/96.

51. 1 BvR 805/98.

52. BVerfG,Judgment of the First Senate of 13 February 2007 – 1 BvR 421/05.

53. Case. No. :6 Ob 16/18y.

54. R v Capner [1975] 1 NZLR 411 (CA).

55. Police v Hall [1976] 2 NZLR 678 (CA).

56. R v Hartley [1978] 2 NZLR 199 (CA).

57. Police v Lavalle [1979] 1 NZLR 45 (CA).

58. R v Loughlin [1982] 1 NZLR 236 (CA).

59. R v Grace [1989] 1 NZLR 197 (CA).
60. [1897] Sess. Cas. 315 (Scot. 2d Div.).
61. [1927] 1 D. L. R. 386 (Sask. K. B. 1926).
62. [1950] 4 D. L. R. 499 (Ont.).
63. [1970] 4 CCC 1.
64. [1970] SCJ No 80 (QL).
65. [2003] EWCA Civ 151.
66. [2010] EWCA Civ 908.
67. [2016] EWHC 1432.
68. [2016] NZSC 139.